NCSM MONTCALM

Christian Hébert

NCSM MONTCALM
Le français dans la Marine canadienne
1923-2008

SEPTENTRION

Les éditions du Septentrion remercient le Conseil des Arts du Canada et la Société de développement des entreprises culturelles du Québec (SODEC) pour le soutien accordé à leur programme d'édition, ainsi que le gouvernement du Québec pour son Programme de crédit d'impôt pour l'édition de livres. Nous reconnaissons également l'aide financière du gouvernement du Canada par l'entremise du Programme d'aide au développement de l'industrie de l'édition (PADIÉ) pour nos activités d'édition.

Chargée de projet: Sophie Imbeault

Révision: Solange Deschênes

Correction d'épreuves: France Brûlé

Mise en pages et maquette de la couverture: Pierre-Louis Cauchon

Si vous désirez être tenu au courant des publications
des ÉDITIONS DU SEPTENTRION
vous pouvez nous écrire au
1300, av. Maguire, Sillery (Québec) G1T 1Z3
ou par télécopieur 418 527-4978
ou consulter notre catalogue sur Internet :
www.septentrion.qc.ca

© Les éditions du Septentrion
1300, av. Maguire
Sillery (Québec)
G1T 1Z3

Dépôt légal:
Bibliothèque et Archives
nationales du Québec, 2008
ISBN: 978-2-89448-545-3

Diffusion au Canada:
Diffusion Dimedia
539, boul. Lebeau
Saint-Laurent (Québec)
H4N 1S2

Ventes en Europe:
Distribution du Nouveau Monde
30, rue Gay-Lussac
75005 Paris

Préface

Je venais d'arriver en poste en septembre 2006 quand, en fouillant dans les dossiers laissés par mes prédécesseurs, je suis tombé par hasard sur un document assez imposant; non seulement par sa taille mais aussi et surtout par son contenu. Quelle belle découverte pour un nouveau commandant! Trouver une description historique détaillée de son unité de ses débuts jusqu'à nos jours avec photos et références à l'appui est une surprise inestimable. J'ai lu quelques lignes et je me suis aperçu du sérieux du document, ce n'était pas une simple recollection de faits ramassés de ci de là à travers les âges, mais bien un travail de recherche exhaustif. Dès lors, je me suis mis à la recherche de l'auteur, Christian Hébert, et j'ai découvert que c'est un ancien du *Montcalm*. L'ayant retrouvé à Québec, nous nous sommes rencontrés pour discuter des possibilités d'utiliser cet ouvrage à l'occasion du 400e anniversaire de Québec en 2008 et du 100e anniversaire de la Marine canadienne en 2010. Il me raconta que ce travail fut réalisé lors de sa formation universitaire. Étant lui-même réserviste, et grâce aux appuis de son commandant de l'époque, le capitaine de frégate Dubuc, il a obtenu l'accès à des documents historiques à diffusion restreinte. De plus, pour compléter sa recherche, il lui fut possible de rencontrer certains anciens commandants ou leurs descendants pour corroborer les faits et obtenir des photos inédites. Quelques semaines après notre rencontre, il me confirmait qu'un éditeur s'intéressait au projet et que la publication se ferait à temps pour le Salon du livre de Québec en 2008. Je suis reconnaissant à l'auteur et à tous ceux qui ont contribué à la réalisation de ce projet à temps pour souligner la contribution de la Marine à la ville de Québec pour les célébrations du 400e et la contribution de Québec à la Marine canadienne à temps pour le 100e anniversaire.

Luc Morin
Capitaine de frégate
Commandant
NCSM Montcalm

Avant-propos

Jusqu'à quelle époque est-il possible de retracer l'histoire du Service naval canadien dans la ville de Québec? Faut-il commencer avec le début de la colonisation française, en 1608? Ou faut-il plutôt tirer son origine de l'arrivée de la flotte britannique, lors du débarquement de Québec, en 1759? En observant les coutumes et les traditions de la Marine canadienne énoncées dans le *Manual of Ceremony for HMC Ships, Submarines and Naval Reserve Divisions*[1], la réalité paraît évidente: la Marine canadienne est un calque de la Royal Navy. Toutefois, tant à l'époque de la Conquête lors de la guerre de Sept Ans, qu'au temps du premier conflit mondial (1914-1918), la marine de l'empire ne prit jamais racine dans la capitale administrative et culturelle de l'ancienne colonie française en Amérique du Nord. Il fallut en effet attendre au lendemain de la Première Guerre mondiale pour que se concrétise l'idée d'implanter un établissement côtier permanent à Québec.

---

1. Maritime Command, *Manual of Ceremony for HMC Ships, Submarines and Naval Reserve Divisions*, Ottawa, OPI: DMPPD 6, 31 août 1999.

Pour la première fois, le 21 avril 1923, fut mise sur pied une unité ayant pour mission de recruter, d'offrir un entraînement, ainsi que la possibilité d'y faire carrière. Il y eut bien sûr des précédents ailleurs au Canada, puisqu'une série d'initiatives avait mené à la création de la Marine royale canadienne, en 1910. De plus, dès 1913, était entrée en fonction, dans la ville de Victoria, en Colombie-Britannique, une unité composée uniquement de volontaires. Mais, en aucun moment, avant 1923, les sentiments impérialistes qui firent surgir l'institution navale ailleurs au pays ne se matérialisèrent dans la province de Québec. Ce n'est qu'avec un état des mentalités tout à fait bouleversé que put être créée la demi-compagnie de Québec de la Royal Canadian Naval Volunteer Reserve (RCNVR), cinq ans après la fin d'une guerre totale qui fit se mobiliser une population entière.

De la demi-compagnie de Québec, l'unité de réservistes devint la division de Québec à l'automne 1935 et la frégate de pierre[2] le navire canadien de Sa Majesté *Montcalm*[3] (NCSM) lors de sa mise en service, le 13 novembre 1941. Subissant des changements quant à la volonté

---

2. La définition officielle du terme «frégate de pierre» est établissement côtier indépendant.

3. À l'époque, la terminologie utilisée était en anglais, c'est-à-dire *Her Majesty's Canadian Ship* (*HMCS*). La francisation de cette appellation ne s'est effectuée que le 16 janvier 1984.

grandissante de sécurité collective, à l'accroissement de la participation du Canada à l'étranger et à des innovations technologiques, le *NCSM Montcalm* eut la particularité de se développer dans un milieu socioculturel bien différent du reste de la flotte. C'est avec la venue du *Montcalm* que les Canadiens français s'intégrèrent dans une marine typiquement britannique, de confession protestante et singulièrement unilingue anglaise.

Il convient ainsi de prendre du recul et de faire le point sur l'aventure de cette unité de la Réserve navale installée dans la ville de Québec depuis 1923 jusqu'à nos jours. L'objectif consiste à déterminer si le *Montcalm*, en tant qu'institution militaire, fut un élément essentiel et indispensable pour la présence des francophones dans le Service naval. Le problème au cœur de cette étude est celui du degré de succès du *Montcalm* dans l'atteinte de ses objectifs. Quels sont les facteurs qui ont favorisé les efforts en faveur d'une présence équitable des francophones dans la Marine? Quels furent les obstacles rencontrés? Comment cette dialectique a-t-elle influencé la vie de l'unité, son rayonnement régional et l'équilibre ethnique au sein de la Marine?

Ce livre se veut la version officielle de l'histoire du *Montcalm*. Il sera essentiel de mettre à jour des éléments qui, outre l'aspect événementiel, permettent de tracer un portrait de la réalité qu'ont connue des générations de matelots, d'officiers mariniers et d'officiers. Car ceux qui ont forgé le patrimoine naval du Canada ont laissé des témoignages durables qui mettent en évidence leur sens civique.

Pourquoi est-il nécessaire de se lancer dans une étude historique de cette unité ? Simplement parce qu'un tel exercice n'a jamais été effectué. La brochure *The HMCS Montcalm Story*[4] produite sous le commandement du capitaine de corvette William George Mylett[5], tout comme l'article « La demi-compagnie de Québec », publié dans le *Journal commémoratif du soixante-dixième anniversaire du NCSM Montcalm : 1923-1993*[6], sont dignes d'intérêt, mais avares en sources. De surcroît, les raisons ayant mené à leur rédaction et le parti pris des auteurs ont porté ceux-ci à laisser tomber, sinon à ignorer, plusieurs faits d'intérêt capital.

Afin de proposer plus qu'un simple résumé chronologique, une recherche approfondie a été mise en œuvre. Toute l'historiographie militaire pertinente a été examinée. Elle a été indispensable afin de situer le sujet dans le contexte pancanadien

---

4. *The HMCS Montcalm Story*, Ottawa, Division historique des Forces armées, 1955, 43 p.

5. L'information sur les commandants du *Montcalm* se trouve à l'annexe A.

6. Capitaine de corvette Claude R. LeClerc, dir., « La demi-compagnie de Québec », *Journal commémoratif du soixante-dixième anniversaire du NCSM Montcalm : 1923-1993*, Québec, 1993, 40 p.

et régional: celui du Québec. Les archives du ministère de la Défense nationale, conservées aux Archives nationales du Canada ainsi qu'à la Direction de l'histoire et du patrimoine du Quartier général de la Défense nationale, ont été passées au peigne fin. Les rapports d'inspection, les rapports historiques, les rapports d'enrôlements, les journaux de guerre, la correspondance et des dossiers d'anciens combattants ont été consultés. Nombre de ces documents n'avaient jamais été lus depuis l'époque de leur production. Ceux-ci ont permis d'élucider de nombreuses questions restées longtemps en suspens. Les réponses qui seront proposées s'appuieront sur ces sources. Enfin, avec l'appui de la Direction de l'histoire et du patrimoine, du Musée naval de Québec, du Département d'histoire de l'Université Laval, de la Division des archives visuelles et audiovisuelles aux Archives nationales du Québec, de l'Administration portuaire de Québec, des Archives ainsi que de la Division design et patrimoine de la Ville de Québec, il a été possible de pallier l'un des maux de la Marine canadienne: la destruction substantielle de documents historiques datant d'avant la fusion des Forces canadiennes. Pour combler cette lacune, l'outil le plus efficace s'est avéré être le support iconographique.

Grâce à l'analyse des témoignages historiques qui ont été sauvegardés, le caractère distinct de cette unité unie à son milieu, à sa population et à l'institution que sont les Forces canadiennes, soutient une réalité fondamentale. Le *Montcalm* fut créé à la suite d'une demande de la population de langue française de Québec et du besoin du Service naval de maintenir une force maritime efficace. Il s'est intégré à son milieu et a véhiculé ses particularités aux divisions et au personnel de la Marine canadienne, qui en furent transformés.

La dimension ethnique est donc indissociable de l'existence de cette unité comme elle est indissociable de l'existence d'une marine pleinement canadienne.

Je tiens à remercier Monsieur Hébert d'avoir produit un document d'une telle qualité sur l'histoire du NCSM Montcalm. *Nul doute que votre ouvrage saura contribuer à la reconnaissance de cette unité de la Réserve navale et de son apport unique quant à la formation des francophones dans la Marine canadienne.*

Stephen HARPER,
premier ministre du Canada

Ces gens qui vont sur l'eau, et regardent la mer les yeux remplis d'une douce volupté; ces êtres habitués dès leur plus jeune âge à braver les périls, à rire du danger et n'avoir plus souci des désastres lamentables dont les voies navigables sont les tristes théâtres, portent sur leur visage où le hâle a mis son empreinte, un cachet de virilité et de force morale qui en impose. On les reconnaît à leur accent bref, à leurs paroles concises qui tiennent du commandement.

Charles-Arthur GAUVREAU,
Au bord du Saint-Laurent, Rivière-du-Loup,
Imprimerie du Saint-Laurent, 1923, p. 77.

Une unité implantée à Québec

Les quatre-vingt-cinq ans d'engagement de la population québécoise dans la Marine canadienne mettent un fait en évidence : l'histoire de la Réserve navale ne peut plus se faire à partir du récit de ses pionniers. Québec, la ville et ses gens, ceux qui ont participé à l'effort naval, ont derrière eux tout un bagage qui doit être bien compris pour que puissent en être tirés avec valeur toute sa richesse et son potentiel militaire. À travers le témoignage de ses principaux acteurs et par le survol de leurs réalisations, il est possible d'illustrer toute la spécificité du *Montcalm*.

Le mythe de la fondation

Traiter de la fondation de la première unité francophone de la Marine canadienne, c'est à la fois naviguer en plein brouillard et travailler avec des sources brutes. La méconnaissance du contexte entourant la mise sur pied de cette unité cache les interrelations des personnages qui ont mené à la fondation du *Montcalm* et de ceux qui ont mis en place le Service naval au Canada. Rechercher et tenter de comprendre l'esprit novateur qui a prévalu à l'édification de cet établissement naval de langue française constitue donc un défi d'envergure.

Équipage de la demi-compagnie de Québec, à l'arrière d'une baraque de la Base des Forces canadiennes (BFC) Valcartier, en 1937.

C'est en aval du Saint-Laurent que naquit, le 15 avril 1898, Charles-Léon Gauvreau, destiné à devenir le premier commandant du *Montcalm*. Comme le qualifie si justement son propre père, il est de «ces gens» habitués à la mer et manifestant une grande force morale. Sa jeunesse, Léon Gauvreau la passa sur l'île Verte. Emplissant ses poumons d'air marin, baignant dans l'eau salée et voguant à bord de goélettes sous le solstice d'été, ses années d'enfance et d'avant-guerre le modelèrent. Il en garda également la nostalgie sa vie durant.

La vie politique canadienne l'arracha très tôt, lui, ses frères et sa sœur, de l'île natale si paisible. Son père, Charles-Arthur Gauvreau[7], député fédéral de la circonscription de Témiscouata, siégeait depuis 1897 à la Chambre des communes. Cet austère personnage, représentant d'une population catholique et française, fils du seigneur de Villeray, Louis-Narcisse Gauvreau, et neveu du premier Canadien français à représenter la couronne britannique dans la province de Québec[8], était un vétéran du Parti libéral du Canada. Son ascension au pouvoir s'était d'ailleurs faite en étroite relation avec celle de sir Wilfrid Laurier[9]. De sa résidence d'Ottawa, cet homme paternaliste et pratiquant décida de réunir sa famille autour de lui dans la capitale fédérale. Ainsi, ses deux fils, Léon et Maurice, reçurent du « vieux notaire » diplômé de l'Université Laval, journaliste et

---

7. Né le 29 septembre 1860, Charles-Arthur Gauvreau, membre du Parlement fédéral, occupa sans interruption son siège de député, de novembre 1897 jusqu'à sa mort en 1924.

8. Michel Brassard et Jean Hamelin, « Belleau », *Dictionnaire biographique du Canada*, tome XII : *1891 à 1900*, Québec, Presses de l'Université Laval, 1966, p. 93-95. Premier lieutenant-gouverneur du Québec après la Confédération, sir Narcisse-Fortunat Belleau est né à Québec, le 20 octobre 1808, et y est mort, le 14 septembre 1894. Il légua à C.-A. Gauvreau une fortune évaluée entre 200 000 et 300 000 dollars.

9. Premier ministre du Canada, du 11 juillet 1896 au 6 octobre 1911, député de la circonscription de Québec-Est.

écrivain[10], une instruction très riche. De plus, leur éducation fut étroitement suivie par Zoé Laurier, la femme du premier ministre qui s'occupa d'eux comme s'ils étaient ses propres fils. Grâce à cette complicité conviviale entre les deux familles, ces jeunes garçons devinrent témoins du plus grand coup d'éclat de la politique canadienne du début du siècle et qui sera pour eux un stimulus à leur future carrière.

Au cours des années 1908 et 1909, le gouvernement canadien dut affronter une situation diplomatique très délicate. En effet, depuis la fin du XIXe siècle, l'empire allemand possédait la plus puissante armée au monde et s'était hissé au deuxième rang des nations les plus industrialisées, talonnant de près le Royaume-Uni. Suivant le jeu des alliances entre les grandes puissances, un souffle belliqueux animait l'Europe. L'atmosphère des relations internationales était lourde, comme le tribut que le Parlement britannique quémanda bientôt à ses dominions pour renflouer sa flotte navale.

Jusqu'alors, c'était la Royal Navy qui assurait la sécurité des côtes canadiennes. Jugeant que toutes les affaires relevant de la stratégie navale étaient de son ressort, elle estima que le Canada lui devait une contribution financière pour la

---

10. C.-A. Gauvreau est reconnu comme un grand auteur québécois avec, entre autres, le roman *Captive et bourreau*, 1882, et l'étude *L'histoire des Trois-Pistoles*, 1890.

mise en chantier de onze navires devant servir à la défense des côtes canadiennes en temps de paix[11]. Chez beaucoup de Canadiens anglais, cette demande répondait à leur fort sentiment impérialiste et ils appuyèrent massivement cette position. Cependant, un mouvement autonomiste s'était progressivement développé depuis la Confédération. Laurier et son ami Gauvreau étaient de cette génération qui, sachant qu'ils ne verraient pas de leur vivant leur pays devenir indépendant, préparaient toutefois ce terrain pour leurs successeurs[12]. Ils se lancèrent donc dans un projet audacieux, à la grande défaveur générale, pour que soit proclamée, le 4 mai 1910, la Loi sur la Marine de guerre.

Bien que cette loi se soit avérée nécessaire, les libéraux la payèrent cher. Laurier avait tenté de jouer entre les impérialistes Canadiens anglais et les nationalistes Canadiens français. Un an plus tard survint la déconfiture électorale des libéraux. Laurier et Gauvreau se trouvèrent dans l'opposition.

---

11. Gilbert Norman Tucker, *The Naval Service of Canada : Its Official History*, tome I: *Origins and Early Years*, Ottawa, King's Printer, 1952, p. 119. Tucker donne un bilan détaillé de la situation navale de l'époque.

12. Leurs efforts ne furent pas vains. Ils permirent, additionnés aux sacrifices de la Grande Guerre, au gouvernement canadien d'avoir son propre siège aux conférences de Versailles, en 1919, à la même table que les grandes puissances occidentales.

Le père des deux premiers commandants du *Montcalm*, le député Charles-Arthur Gauvreau, était un proche collaborateur et ami du premier ministre du Canada, Sir Wilfrid Laurier. Ces francophones, tous nés dans la province de Québec, élaborèrent et lancèrent le projet d'une marine de guerre nationale. C.-A. Gauvreau pose ici à la droite de son fils Léon, en 1910.

L'avenir de l'embryonnaire Marine canadienne était en péril. Mais, comme le constatera le nouveau gouvernement, elle était là pour rester. Vacillante et passant près du démantèlement, le 4 août 1914 sera pour elle un gage de survie. Le gouvernement conservateur ne s'étant pas encore remis d'aplomb de l'entrée en guerre subite du Canada, Laurier le fit pour eux. Durant les sessions parlementaires d'urgence du mois

Prestige ou Prestigitation?

Sarah W. Laurier :—Pour moi c'est tout un ! ! !

Cette caricature de sir Wilfrid Laurier avec en main les deux seuls navires de la flotte, publiée quelques mois après la création de la Marine et en pleine élection fédérale, est très représentative de l'opinion de la population française du Québec. Pour beaucoup de Québécois, Laurier s'était travesti en sujet de l'empire pour faire instaurer le Service naval. Il avait manié son projet politique au vu et au su de tous, sans tenir compte de l'opinion populaire. Le risque était grand et sa marge de manœuvre très mince. En jouant ainsi, les libéraux s'aliénèrent la majeure partie de l'électorat. Le détachement du peuple vis-à-vis de la Marine n'en fut qu'amplifié (*Le Nationaliste*, Québec, 9 octobre 1910).

d'août, il scella la position du Canada en regard du conflit mondial en enflant la voix et en lançant fièrement les mêmes mots qu'il avait clamés en 1910 : « Ready, aye, ready[13]. »

Avec le retour des libéraux en 1921 et de leur nouveau chef, William Lyon Mackenzie King[14], la situation ne redevint pas favorable à la Marine, bien au contraire. Nombre de politiciens croyaient que l'Aviation, avec les succès qu'elle avait connus lors des derniers combats, était destinée à remplacer la Marine. Des propositions, dont celles de démanteler la flottille, furent mises sur la table. Finalement, le gouvernement libéral, dont C.-A. Gauvreau était le doyen, adopta, le 31 janvier 1923, l'ordre en conseil n° 139 autorisant la création de la RCNVR. Son fils cadet, Léon Gauvreau, devint au cours de cette année-là le premier commandant de la demi-compagnie de Québec, première unité francophone de la Marine canadienne. Léon Gauvreau s'identifia dès lors à une minorité d'officiers[15] qui, parta-

---

13. Cette expression est restée, depuis, la devise de la Marine canadienne.

14. Premier ministre du Canada, du 29 décembre 1921 au 28 juin 1926, du 25 septembre 1926 au 7 août 1930 et du 23 octobre 1935 au 15 novembre 1948.

15. Jean Pariseau et Serge Bernier, *Les Canadiens français et le bilinguisme dans les Forces armées canadiennes*, tome I : *1763-1969 : le spectre d'une armée bicéphale*, Ottawa, Approvisionnement et Services Canada, p. 108. « De 6,35 p.c. qu'il était en 1916, le pourcentage d'officiers francophones passe à 4,84 p.c. en 1939. »

geant un passé, des idées et un projet communs, forgèrent le Service naval au Canada.

Peu de temps après que la Loi sur la Marine fut entrée en vigueur, en 1910, les *HMS Niobe* et *Rainbow*, achetés par le Canada à l'Angleterre, rejoignirent les eaux canadiennes. Pour former la flotte, il manquait à cette marine un élément fondamental: de jeunes officiers. L'enseigne de vaisseau Brodeur[16] se rendit en Angleterre, accompagné de l'aspirant de marine Maurice Gauvreau, le frère aîné de Léon, pour recevoir un entraînement de base. Quand la guerre fut déclenchée, Maurice Gauvreau se joignit à la Royal Navy, fut affecté sur le *HMS Oberon* et il prit part au combat dans la mer du Nord. Parallèlement, son frère Léon fit ses armes au Canada.

Dès l'âge de 16 ans, en 1914, Léon s'enrôla dans la Royal Naval Canadian Volunteer Reserve[17] comme aspirant de marine dans l'équipage qui devait servir à bord du *Niobe*. Or, le *Niobe* dut rester en rade pour de grosses réfections. Léon Gauvreau travailla donc comme secrétaire particulier du capitaine Atswood à Québec et comme

---

16. Victor-Gabriel Brodeur, le fils de Louis-Philippe Brodeur, le tout premier ministre de la Marine et des Pêcheries en 1910, deviendra contre-amiral pendant la Deuxième Guerre mondiale.

17. Tucker, *op. cit.*, tome I, p. 158-159. Créé en 1914, et seulement pour le temps de la guerre, la Royal Naval Canadian Volunteer Reserve était constituée de membres servant à bord des navires de la Marine royale canadienne et de la Royal Navy.

artilleur avec la 189ᵉ batterie à la Citadelle de Québec. Mais il réussit à réintégrer la Canadian Overseas Expeditionary Force avec la Marine, au printemps 1917. Cette fois-ci, ce fut au grade de matelot manœuvrier qu'il s'intégra à l'équipage du navire d'entraînement *Niobe*. Ensuite, au cours de l'automne et de l'hiver suivants, à bord du *HMS Stadacona*, il effectua des patrouilles de défense côtière. Au début du mois de décembre 1917, son navire revint au port d'Halifax. Le 6 décembre 1917, il fut piégé comme des milliers d'autres militaires et civils, lorsque l'explosion eut lieu dans le port d'Halifax. Légèrement blessé, il fut muté sur le *Rainbow*, à Esquimalt, en Colombie-Britannique.

Toujours à bord d'un navire qui effectuait des patrouilles côtières, Léon Gauvreau fit la connaissance d'un homme qui allait donner une nouvelle orientation à sa carrière dans les années suivantes, le capitaine de vaisseau Walter Hose. Cependant, la santé de Léon Gauvreau avait décliné abruptement. Il dut être hospitalisé et fut diagnostiqué tuberculeux, le 23 janvier 1918. En effet, il avait contracté la tuberculose lors des patrouilles dans le nord de l'Atlantique au mois de novembre 1917. Déclaré inapte au service, il fut démobilisé.

Après un séjour au sanatorium et avec l'appui de certaines connaissances dans le Parti libéral du Québec[18], il devint vérificateur au ministère de l'Agriculture. Vraisemblablement, Léon Gauvreau était hanté par la perspective que sa carrière de marin avait définitivement pris fin. Il se tint constamment en contact avec les membres du secrétariat du Service naval. Quand il apprit, en 1922, que le nouveau directeur du Service naval, son ancien commandant, le capitaine de vaisseau Walter Hose, avait l'intention de constituer une force de réserve, il entra directement en communication avec lui. Les deux hommes en vinrent rapidement à une entente. Hose lui envoya, en février 1923, moins de deux semaines après l'acte de fondation de la RCNVR, un membre clé de son quartier général, le capitaine de corvette Brodeur, celui-là même qui avait enrôlé son frère, en 1910. Léon Gauvreau reçut son brevet d'officier le 28 février 1923, devant Brodeur et le tout fut entériné par le ministre de la Marine, Ernest Lapointe[19].

La demi-compagnie de Québec, celle qui allait plus tard devenir le *Montcalm*, était créée. Ceux qui étaient derrière cette formation avaient souvent exposé haut et fort leurs idées dans le passé. Ils avaient été très favorables à la création d'une

---

18. Les Gauvreau entretenaient des liens étroits avec les premiers ministres du Québec Lomer Gouin (1905-1920) et L.-Alexandre Taschereau (1920-1936).

19. Ministre de la Marine et des Pêcheries de 1921 à 1925 et de la Justice de 1925 à sa mort en 1941.

marine de guerre. En fait, ils sont les initiateurs du Service naval au Canada et à Québec.

Dos au Manège militaire de Québec, aujourd'hui le Manège militaire des Voltigeurs, le fondateur de la Réserve navale pose en compagnie de ses officiers de Québec lors de sa visite du 23 août 1929. De gauche à droite : capitaine de corvette A.W.S. Soulsby, MRC, officier d'état-major des Réserves ; capitaine de corvette J.C.A. Pettigrew, RCNVR, commandant de la demi-compagnie de Québec ; lieutenant P.E. Delâge, RCNVR, commissaire de la demi-compagnie de Québec ; commodore Walter Hose, MRC, directeur du Service naval ; et capitaine de corvette F.A. Price, RCNVR, demi-compagnie de Québec.

Le périple du Montcalm

Comme il vient d'être mis en évidence, la fondation du *Montcalm* à Québec ne fut pas un acte isolé dans l'histoire du développement du Service naval canadien. Ce fut un cas unique, certes, et riche de sa spécificité, mais dont la création fut déterminée et calculée par ceux-là mêmes qui ont bâti la Marine royale canadienne. Par ailleurs, la création du *Montcalm* représente le retour, quoique un peu timide à ses débuts, d'une marine à caractère français dans l'ancienne capitale française de l'Amérique septentrionale[20]. Pareillement à la dépouille du marquis et à son nom qui furent immortalisés dans la vieille capitale, le *Montcalm* a fusionné à la ville portuaire et militaire en tant qu'établissement côtier. L'unité est devenue à ce point indissociable de Québec qu'elle fait partie intégrante de son portrait, tant urbain qu'humain.

Une visite de la ville

Tout d'abord, il est essentiel de savoir que l'unité n'a pas toujours occupé les présents locaux au complexe naval de la pointe à Carcy. Logé dans des installations du ministère de la Défense nationale, dans un quartier d'affaires, dans un secteur commercial, en pleine zone résidentielle ou au Vieux-port, le *Montcalm* s'est développé dans des

---

20. La dernière présence permanente d'une marine française au Canada remontait au 18 octobre 1760 lorsque le général de Lévis et son état-major quittèrent définitivement le port de Québec pour l'Europe à bord de la flûte *Marie*.

mondes et des styles architecturaux aussi différents qu'exceptionnels. Les nombreux emplacements constituent à eux seuls un circuit de la ville de Québec. L'image reflétée par l'unité fut toujours celle du professionnalisme et du prestige.

Du début de l'année 1923 jusqu'à ce que la demi-compagnie de Québec prenne officiellement ses quartiers au deuxième étage de l'aile gauche du Manège militaire de Québec, le commandant Léon Gauvreau établit son petit quartier général au bureau 46 du 111, côte de la Montagne. Les locaux de l'édifice Bloc Morin (construits en 1921 et détruits en 1968) étaient prêtés par les avocats Michaud & Pettigrew, dont ce dernier, le futur juge J. C. Achille Pettigrew, était le commandant en second de l'unité. (Neuville Bazin, Archives nationales du Québec, E6.S7. P86208)

Le 17 juillet 1925, le commodore Hose visita les locaux du Manège militaire. Il critiqua sévèrement ces quartiers inappropriés et trop exigus pour l'entraînement naval. L'unité déménagea donc au printemps 1926 au 10 de la rue Dauphine, un immeuble à logements du secteur de la Redoute royale construit dans la seconde moitié du XIXe siècle.

Avec l'entrée en guerre du Canada en septembre 1939, les quartiers de la rue Dauphine ne purent plus contenir l'accroissement de l'équipage. Le bail ne fut pas renouvelé et, en décembre 1939, il déménagea au 322 de la rue Saint-Jean dans un édifice commercial appartenant à l'Alliance nationale.

En novembre 1941, le même mois où le *Montcalm* fut armé, un nouveau déménagement s'avéra nécessaire. L'unité s'établit au 30 de la rue Wilfrid-Laurier dans un bâtiment appartenant au Québec Winter Club (aujourd'hui le YMCA du Vieux-Québec). C'est dans cet édifice de style château que se développa l'unité pendant toute la période de la guerre. (Archives de la Ville de Québec, N021872)

La fin de la Deuxième Guerre mondiale entraîna une reconversion des infrastructures militaires pour le temps de paix. Un laboratoire construit en 1938 pour la Défense nationale et utilisé pendant la guerre par le Service d'inspection du Royaume-Uni fut occupé par le *Montcalm* à compter de juin 1947 et durant les cinquante années qui suivirent. Cet immeuble, situé au 835 de l'avenue Wilfrid-Laurier (aujourd'hui la Maison de la découverte des plaines d'Abraham et l'Office du tourisme et des congrès), sis à l'ouest du Manège militaire de Québec et autrefois au sud du *NCSM d'Iberville*, l'ancienne École des recrues pour les francophones de la Marine royale canadienne.

La dernière escale du *Montcalm* est au 170 de la rue Dalhousie dans le présent complexe naval de la pointe à Carcy. Cet édifice, qui a gardé le style architectural de l'ancien hangar 19, construit le long du bassin Louise pendant la Deuxième Guerre mondiale, fut inauguré par le *Montcalm*, l'École navale des Forces canadiennes, le Musée naval de Québec et le Quartier général de la Réserve navale le 20 mai 1995. (Unité photographique des Forces canadiennes, VL-96-214-15)

Une complicité avec le milieu local

Les trois quarts de siècle du *Montcalm* au cœur de la ville furent bien plus qu'une simple coexistence. Ils furent une intégration fructueuse. La Marine canadienne sut tirer du milieu dans lequel elle s'est développée les éléments de sa réussite. Cette collaboration se fit autant avec l'administration municipale qu'avec sa population.

Le seul établissement naval de Québec occupe, depuis toujours, une place de choix au sein de l'organisation militaire dans la ville. Par son statut unique, le *Montcalm* est un important joueur à la fois dans les déploiements d'envergure à l'intérieur de la région et dans son système de défense. Le poste de commandement de cette unité est un poste de prestige[21]. Ceux qui ont occupé cette charge ont travaillé pour que leur équipage se fonde dans la collectivité. Accordé par le maire de la Ville de Québec, Jean-Paul L'Allier, le 6 mai 1995, le droit de cité est l'aboutissement de cette complicité.

Le droit de cité accorde au *Montcalm* le droit de «défiler dans les rues de sa ville tambours battant, drapeaux au vent et baïonnette au canon». Tiré directement du droit romain, cet honneur militaire prend toutefois ses origines dans la

---

21. À titre d'exemple, presque tous les commandants furent nommés à titre honorifique comme aides de camp soit du gouverneur général du Canada soit du lieutenant-gouverneur du Québec.

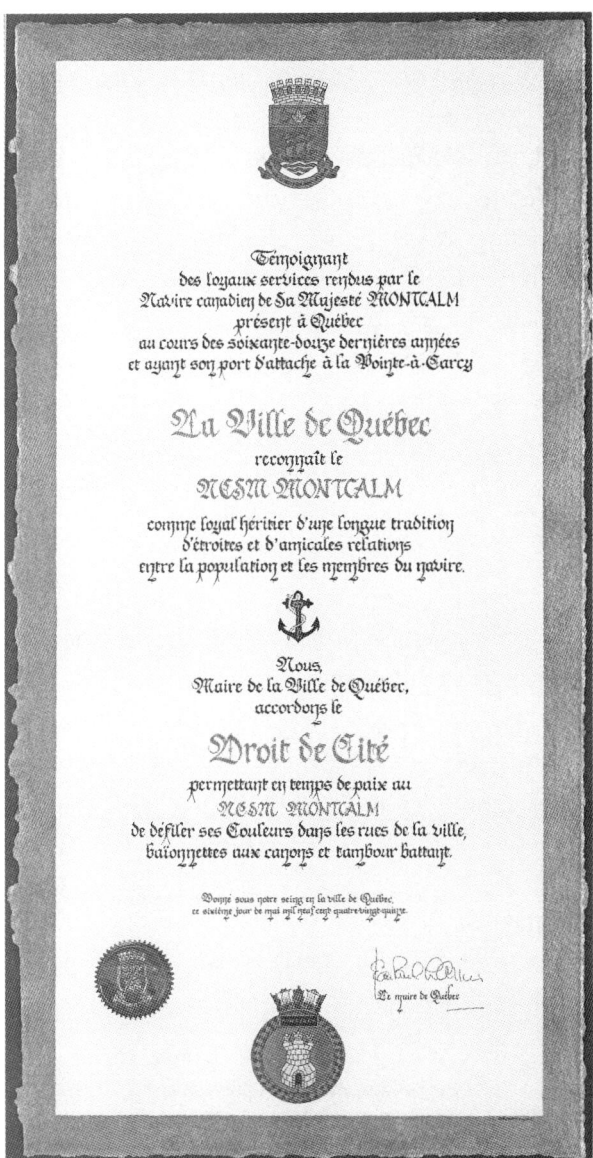

Certificat du droit de cité

Grèce antique. À cette époque, l'homme, le jour où il était inscrit dans le registre des citoyens, jurait qu'il pratiquerait le culte des dieux de la cité et qu'il combattrait pour eux[22]. Le don du droit de cité a bien sûr évolué depuis. Toutefois, le statut de membre privilégié fut maintenu. Quand commencèrent à se développer des armées professionnelles, à l'époque moderne, les cités, craignant le ravage causé par les militaires en garnison, leur restreignirent l'accès à l'intérieur des murs. Seules les troupes qui s'étaient fait reconnaître par leur discipline pouvaient obtenir du premier magistrat de la ville la permission d'y entrer.

Par cette cérémonie[23], la Ville de Québec «reconnaît le *Montcalm* loyal héritier d'une longue tradition d'étroites et d'amicales relations entre la population et les membres du navire». Cette relation privilégiée témoigne que la mise en place et la consolidation de la Marine canadienne, de la Réserve navale et du *Montcalm* furent avant

---

22. La formule entière de ce serment est dans Pollux, VIII, p. 105-106.

23. La cérémonie par laquelle le droit de cité est accordé traduit cette réalité et le fait que Québec soit une ville murée. Le chef de la police se porte au-devant de l'unité et lui intime d'arrêter et d'expliquer sa présence. L'unité attend sur place tandis que son commandant est escorté auprès du maire. Une fois que ce dernier a accordé le droit de cité, il passe l'unité en revue, après quoi des cadeaux et des documents sont échangés afin de souligner l'estime et le respect que les citoyens et les militaires ont les uns pour les autres.

tout un phénomène franco-canadien. De plus, dans la mesure où les initiateurs du Service naval allèrent au bout de leurs ambitions en installant à Québec la première unité de langue française de la Marine, ils instaurèrent l'utilisation officielle du français dans la flotte de l'empire.

Le tocsin qu'on va sonner n'est point un signal d'alarme, c'est la charge sur les ennemis de la Patrie. Pour les vaincre, Messieurs, il nous faut de l'audace, encore de l'audace, toujours de l'audace, et la France sera sauvée!

Cette exhortation célèbre termine le discours que Georges Jacques Danton prononça le 2 septembre 1792 à l'Assemblée législative pour soulever la nation contre les ennemis de la République. En 1914, à l'époque où il était premier lord de l'Amirauté, sir Winston Churchill reprit ces mots lorsqu'il fut questionné à propos de la situation navale de l'Empire. *De l'audace, encore de l'audace et toujours de l'audace* est depuis, dans sa version intégrale en français, la devise de la Réserve navale dans l'ensemble du Canada.

La vocation francophone de l'unité

Le roi d'Angleterre Henri VIII, surnommé « Father of the British Fighting Fleet[24] », forma sa première armada vers 1520. Cependant, ce n'est qu'en 1660 que le roi Charles II décréta officiellement le titre actuel de la Royal Navy. De ce fait, lorsque le 8 mai 1923 la demi-compagnie de Québec tint sa première journée d'entraînement, ce fut la première fois dans sa longue histoire qu'une unité navale de l'empire britannique adopta le français comme langue usuelle. Les contemporains n'avaient vraisemblablement pas conscience du caractère sans précédent de leur acte. Toutefois, ils concevaient bien l'état linguistique prédominant à l'intérieur de la Marine et ne tardèrent pas à constater l'ampleur de leur tâche[25].

---

24. Michael Lewis, *The Navy of Britain, a Historical Portrait*, Londres, George Allen and Unwin Ltd., 1949, p. 40.

25. « Comment le Service naval canadien traite les Canadiens français : compagnies canadiennes-françaises qui font place à des compagnies anglaises », *Le Droit*, Québec, 18 janvier 1936. Cet article, reproduit à l'annexe B, donne un aperçu du problème, la demi-compagnie de Québec étant alors au centre d'une polémique.

La Marine et les francophones

La formation du personnel a été la première réalité à laquelle l'unité dut faire face. Quand la Marine royale canadienne fut fondée, en 1910, la solution à ce problème était simple. Il n'y avait alors aucun personnel assez qualifié au Canada pour former de vrais équipages. Le seul recours était d'aller puiser dans les ressources de la Royal Navy. Cependant, en 1923, la situation s'était complexifiée. Il ne suffisait plus d'aller chercher des marins de métiers, il fallait qu'ils parlent aussi le français. Autrement, amener les gens de Québec à se joindre au Service naval était une difficulté insurmontable. C'est à cet instant que la collaboration entre V.G. Brodeur, représentant le Quartier général de la Marine royale canadienne, et Léon Gauvreau porta ses fruits.

Parmi les membres de l'équipage du *Patriot*[26], ils dénichèrent le maître Joseph Arsenault. Cet officier marinier de la Marine royale canadienne avait servi au cours de la Première Guerre mondiale. Avec son expérience, il devint le premier capitaine d'arme de l'unité et élabora le premier plan d'entraînement. Il travailla à recruter des volontaires dans la population civile et à les

---

26. Le destroyer *NCSM Patriot* et son navire-jumeau le *NCSM Patrician*, tous deux armés par la Royal Navy en 1916 et reçus par le Canada en 1920 pour remplacer le *Rainbow* et le *Niobe*, furent, entre 1922 et 1928, les deux seuls navires de haute mer de la Marine royale canadienne.

former au matelotage. L'ampleur de sa tâche était colossale. Des entrevues menées avec d'anciens membres du *Montcalm* confirment ce qu'avancent les historiens Jean Pariseau et Serge Bernier, c'est-à-dire qu'«il n'y avait [...] de place dans la marine et l'aviation que pour les Canadiens français qui parlaient l'anglais. On excluait systématiquement tout unilingue francophone alors que les unilingues anglophones avaient la voie ouverte[27]». L'institution était donc loin de leur être favorable. De surcroît, la Marine avait beaucoup changé depuis la Grande Guerre. Un équipage de plus en plus spécialisé était nécessaire pour manier l'équipement. Trouver à Québec ce type d'homme dans les années 1920 s'avérait encore plus difficile. Une collaboration interarmées résolut ce double problème.

Avec les succès que connurent les soldats du 22e bataillon[28] dans les tranchées d'Europe, les armes de combat firent meilleure figure dans la région de Québec que les deux autres éléments. Ces unités principalement d'infanterie et d'artillerie servirent à fournir à la Réserve navale des électriciens, des mécaniciens, des soudeurs et des artificiers. Ils furent un des moyens qui permirent

---

27. Pariseau, *op. cit.*, tome I, p. 108.

28. Créé en 1914, le 22e bataillon du Corps expéditionnaire canadien devint après la Première Guerre mondiale le Royal 22e Régiment. Avec comme maison mère la Citadelle de Québec, il est encore aujourd'hui la seule unité d'infanterie francophone de l'armée régulière.

de constituer le premier équipage du *Montcalm* et de faire en sorte que des Canadiens français puissent faire carrière dans la Marine.

Né à Québec le 9 janvier 1897, Ernest Fecteau s'est joint à la demi-compagnie de Québec le 29 juin 1923. Cet ancien caporal des Voltigeurs de Québec (1920-1923) fut directement transféré dans la RCNVR comme matelot opérateur du système mécanique naval. Rapidement promu matelot-chef, il partagea son savoir avec les membres du premier équipage de l'unité. Le 8 août 1925, il fut transféré dans le service régulier sur le NCSM *Stadacona*. En décembre de la même année, il rejoint Portsmouth où il fut accepté ingénieur électricien par la Royal Navy. Quelques années plus tard, en 1933, il fut promu premier maître de seconde classe et Chief Ordonnance Artificer sur le navire amiral de la flotte britannique, le croiseur *HMS Hood*.

Capitaine d'arme à bord du destroyer NCSM *Fraser*, Fecteau participa le 22 juin 1940 à l'évacuation des derniers dignitaires alliés au port français de Saint-Jean-Luz, dont faisait partie le lieutenant-colonel Georges-P. Vanier[29]. Après les avoir déposés en sécurité en Grande-Bretagne, le *Fraser* manœuvra dans la Manche pour aider à l'évacuation de la poche de Dunkerque. Pendant les manœuvres de la nuit du 25 juin, le *HMS Calcutta* « [...] trancha l'avant du *Fraser*, qui surnagea quille en l'air. La passerelle tout entière, portant capitaine, officiers et timoniers, monta sur l'avant du croiseur, et y resta, grinçant et oscillant au-dessus du gaillard d'avant[30] ». Le premier maître de première classe Ernest Fecteau sombra avec 59 autres matelots[31].

---

29. Cet ancien commandant du Royal 22e Régiment fut le deuxième Canadien et le premier Canadien français à occuper le poste de gouverneur général du Canada de 1959 à sa mort, en 1967.

30. Joseph Schull, *Lointains navires : compte rendu officiel des opérations de la Marine canadienne au cours de la seconde Grande Guerre*, Ottawa, Imprimeur de la Reine, 1953, p. 43.

31. Capitaine de vaisseau Robert A. Darlington et capitaine de corvette Fraser M. McKee, *The Canadian Naval Chronicle 1939-1945 : The Successes and Losses of the Canadian Navy in World War II*, St. Catharines (ON), Vanwell Publishing, 1996, p. 20. Un décompte exact des morts y est présenté.

Les universitaires

Un autre des moyens déterminants pour le recrutement fut d'aller puiser au sein de l'élite universitaire. Tout au long du siècle, celle-ci représenta le plus grand bassin d'effectifs du *Montcalm*. Si la moitié des trente membres d'équipage que l'unité comptait à ses débuts étudiaient à l'université, la proportion resta toujours aussi importante. Cette tendance fut amplifiée par une nouvelle responsabilité accordée au *Montcalm* durant la Deuxième Guerre mondiale. Le 20 février 1943, le recteur de l'Université Laval, monseigneur Camille Roy, répondit favorablement au commandant de la Réserve navale pour accueillir le Corps universitaire d'entraînement naval (University Naval Training Division) dès la session suivante :

> Le Département de la Défense Nationale, Service de la Marine, a obtenu des autorités universitaires l'autorisation d'organiser une Division d'entraînement Naval à l'Université Laval, appelé «U.N.T.D.». L'Officier Commandant de cette Division sera un candidat choisi par l'Université et accepté par les Quartiers Généraux. Toutefois, la direction de l'entraînement sera confiée à l'Officier Commandant de la Division de la Marine à

Québec appelée «H.M.C.S. MONTCALM». De plus, celui-ci verra à nommer des instructeurs. [...] Pendant l'année académique ceux qui feront partie du «U.N.T.D.» recevront un entraînement minimum de 110 heures. Quoique le programme des cours n'ait pas été fixé d'une façon définitive, il comprendra certainement des exercices de drill, du matelotage, des signaux, du pilotage et de la navigation. À ceux qui suivront ces cours, il sera payé une solde de 0.25 de l'heure [sic][32].

En plus des deux commandants du *Montcalm* qui dirigèrent cette division et des trois qui en furent promus, des centaines d'autres universitaires de Laval formèrent, pendant 25 ans[33], la plus grande source de diplômés francophones pour la Marine tout entière. Mais, comme pour leurs prédécesseurs et ceux qui suivront leur trace, la barrière linguistique fut l'un de leurs plus gros obstacles.

---

32. Capitaine de corvette Renault St-Laurent, *Établissement d'une division universitaire d'entraînement naval (U.N.T.D.)*, Québec, 1943, p. 1.

33. Les divisions U.N.T.D. furent abolies en 1968 lors de la fusion de la Marine royale canadienne, de l'Armée canadienne et de l'Aviation royale canadienne pour former les Forces canadiennes.

«Les [aspirants de marine] de la flottille de formation suivent un programme intensif de formation en mer. Ici, de gauche à droite, les [aspirants de marine] André Rioux, de Trois-Rivières, Jean Lavallée, de Grand-Mère, Jacques Boutet, de Québec, tous étudiants à l'Université Laval, et Maurice Tremblay, de Windsor et de l'Université d'Ottawa, reçoivent des explications sur l'exercice de canon de la part du matelot breveté Gerald Jamiesion, d'Ottawa[34].»

Le choc des cultures

L'historien Marc Milner relate un fait cocasse qui s'est déroulé un an après la mise sur pied de l'unité. Son commentaire final en dit long sur l'avenir des francophones dans la Marine.

---

34. *La Patrie*, dimanche 23 septembre 1951, 17e année, n° 39, p. 66.

Au cours de l'été 1924, alors que le *Patriot* effectuait une escale à Québec, l'équipage de la demi-compagnie fut invité à passer une journée à bord. À la fin de cette journée, le commandant du navire, le lieutenant de vaisseau Howard E. Reid, leur fit un discours. Il pria les volontaires de Québec de maintenir un entraînement de haut niveau afin d'être en mesure de se joindre à la Marine royale canadienne et d'être au premier rang lors de la prochaine guerre. La réaction fut immédiate. Le lendemain, il ne restait plus que deux officiers et trois membres d'équipage : le commandant Léon Gauvreau, son commandant en second Achille Pettigrew, le premier maître Arsenault ainsi que les matelots Ernest Fecteau et Paul Lavertu[35]. C'est à la suite de cette anecdote que Milner avance : « It probably did not help that not one of the three RCN officers assigned to administer the companies east of the Lakehead could speak French[36]. » Cette situation n'était qu'un des aspects de la dure réalité vécue par les francophones dans le Service naval.

---

35. « M. Paul Lavertu : l'anniversaire de la Réserve navale est également le sien », *La Sentinelle*, 5 (1973), p. 15-17. Paul Lavertu s'engagea comme volontaire, le 6 mai 1924, et devint, dès la fin de la Deuxième Guerre mondiale, instructeur au *Montcalm* et pour les aspirants de marine de l'Université Laval.

36. Marc Milner, *Canada's Navy : The First Century*, Toronto, U.T.P., 1999, p. 63.

En 1951, le capitaine de frégate M.J.A.T. Jetté[37], alors commandant du *Montcalm*, devant la situation critique des francophones dans la Marine qui ne représentaient que 2,2 % du personnel officier et 11 % des membres d'équipage, fut nommé pour présider une enquête interne :

> Le *Rapport Jetté*, l'un des plus intéressants sur la mentalité des Québécois d'après-guerre, analyse les raisons pour lesquelles ils ne s'enrôlent pas dans la Marine royale canadienne qu'ils confondent d'ailleurs avec la Marine marchande. Avant tout, les Canadiens français considèrent les marins comme des «bums» avec une fille dans chaque port. Ils ont l'impression que la Marine est beaucoup plus britannique que canadienne, ce que confirmait le *Rapport Mainguy* publié deux ans plus tôt, et la croyance que le Canada participe à des guerres dont l'Angleterre est plus ou moins responsable. Les Canadiens français pensent aussi qu'ils ne seront pas promus en raison de leurs difficultés linguistiques ; c'est un fait que les marins francophones doivent d'abord apprendre l'anglais en peu de temps, puis maîtriser le jargon de la Marine qui est une autre langue en soi, à quoi s'ajoute l'obligation de vivre toute leur vie dans une mentalité distincte de leurs aspirations. En outre les liens familiaux sont encore forts au

---

37. M.J.A.T. Jetté est l'un des deux Canadiens français sur la liste des 217 officiers et matelots qui ont collaboré à la commission Mainguy.

Québec; les mères, en particulier, n'aiment pas voir leurs fils partir pour une «province étrangère», encore moins vers des pays lointains dont les ports menacent le salut de leurs âmes. Si, malgré tout, le Canadien français se laisse apprivoiser par les recruteurs de la Marine, il doit d'abord réussir le test d'aptitudes (G.F. Test) uniquement adapté à la mentalité anglophone. C'est pourquoi 80 % des Québécois ratent ce test qu'on a simplement «traduit» en français; le taux d'échec chez les anglophones est de 52 %. L'impression générale est que la Marine ne veut pas de Canadiens français dans ses rangs, ce qui est un peu vrai si l'on songe qu'il n'y a que deux centres de recrutement dans la province comparativement aux sept centres en Ontario[38].

En réponse à ce cri d'alerte lancé par Jetté, la Marine créa une école pour les recrues francophones de la Marine royale canadienne, le *NCSM D'Iberville*[39].

Mis en service le 21 octobre 1952, le *D'Iberville* connut une brève existence. L'école fut considérée inefficace, tout comme les cours de langue qui avaient été offerts aux matelots du *Montcalm*

---

38. Jean-Yves Gravel, «La fondation du Collège militaire royal de Saint-Jean», dans *Le Québec et la guerre*, Montréal, Boréal Express, 1974, p. 112-113.

39. Le bâtiment était situé anciennement sur les plaines d'Abraham et à l'arrière du Manège militaire de Québec.

entre 1941 et 1943[40]. Après deux ans et demi de service, le Conseil de recherche pour la défense «[...] découvre qu'environ 40 p.c. des recrues francophones de la MRC sont licenciés dans les dix mois suivant leur engagement, en comparaison de 15 p.c. chez les anglophones[41]». Le *D'Iberville* disparut en octobre 1955 sans que des correctifs supplémentaires soient apportés quant à l'état linguistique à l'intérieur de la Marine.

Ces données éloquentes marquent une réalité qui, en tenant compte du peu d'évolution dans l'instruction fournie du côté de l'Atlantique et du Pacifique, n'a pas significativement changé[42]. Cette atmosphère déplorable n'a toutefois pas empêché les francophones de «mériter» leur place à travers l'institution. Le *Montcalm*, au centre de ce combat, fut à l'avant-garde, tant par

---

40. Tucker, *op. cit.*, tome II: *Activities on Shore during the Second World War*, p. 277. À l'été 1941, des cours d'anglais commencèrent à être donnés et deviendront l'École préparatoire d'anglais en avril 1943. Moins de quatre mois plus tard, en juillet 1943, le Quartier général de la Marine jugea qu'aucun progrès n'avait été réalisé et transféra l'École à l'unité Prévost, à London en Ontario.

41. Pariseau, *op. cit.*, tome I, p. 170.

42. Gilles Lafond, «Un navire unilingue de Sa Majesté», *Le Soleil*, Québec, 14 octobre 1995, p. A9. Lors de l'escale du *NCSM Moresby*, du 11 au 16 octobre 1995, au port de Québec, ce journaliste et le public constatèrent le même problème. Aucun des officiers ni matelots de ce navire canadien d'entraînement venus pour former les membres de l'équipage du *Montcalm* n'était capable de parler français.

ses méthodes de recrutement que par les projets dans lesquels il s'est engagé. Il est ainsi possible de constater que, prise dans toute sa durée, l'histoire du *Montcalm* peut être considérée comme une ère de réalisation.

Disponible pour servir

Apparue quelques années avant la Deuxième Guerre mondiale, cette devise fut donnée officiellement au *NCSM Montcalm* par le Quartier général de la Défense nationale le 27 novembre 1985.

Une unité multifonctionnelle

En matière de défense, la situation mondiale a considérablement changé depuis 1923. Le *Montcalm* s'est vu confier de nouvelles responsabilités et a été affecté à différentes tâches. Tout en conservant sa mission sociale, il a su s'adapter au rôle stratégique et opérationnel joué par la Marine.

L'apogée de la guerre

Du 10 septembre 1939, où le Canada proclama l'état de guerre avec le Reich allemand, et la reddition du Japon, au 2 septembre 1945, 29 anciens membres du *Montcalm* périrent en mer[43]. Leur service outre-mer, de la bataille de l'Atlantique à la guerre du Pacifique, fut décisif quant à la durée des hostilités.

Au cours de la Deuxième Guerre mondiale, le Québec fut la deuxième province qui recruta le plus de personnes dans la Marine : 1 294 officiers et 11 135 matelots y furent enrôlés. Il s'agit de 19,5 % des effectifs totaux du Canada

---

43. Voir la liste à l'annexe C.

pour les officiers (6 621) et 11,96 % pour les matelots (93 067)[44]. Le *Montcalm* contribua pour beaucoup à ce résultat. Servant de centre de recrutement de la Marine royale canadienne pour la ville de Québec, le *Montcalm* enrôla 1 474 matelots et officiers en plus de donner un cours de recrue à ses francophones[45]. C'est sans compter les femmes qui, à partir de l'été 1942, se joignirent aux Women's Royal Canadian Naval Service (Service féminin de la Marine royale du Canada). Ce nombre est considérable si l'on tient compte qu'il s'agit du recrutement fait dans une seule ville et sa banlieue. Il est d'autre part tout à fait compréhensible en raison de la proximité de l'ennemi.

En effet, les grandes batailles navales de la Deuxième Guerre mondiale ne se passèrent pas

---

44. Tucker, *op. cit.*, tome II, p. 275.

45. Dans un rapport du 18 juillet 1947 adressé au secrétaire naval, le lieutenant de vaisseau Marcel Jetté affirme que la proportion d'officiers et de membres d'équipage parlant français est de plus de 95 %.

Équipage du *Montcalm*, sur l'avenue Wilfrid-Laurier, en 1941.

toutes outre-mer. Québec fut au cœur de l'un des plus féroces combats contre les U-boots de la Kriegsmarine, ce qui est appelé la bataille du Saint-Laurent. Du mois de mai au mois de novembre 1942 seulement, 25 navires de guerre et marchands furent coulés dans le golfe et ses environs[46]. Dans cette lutte qui porta un dur coup à la Marine royale canadienne, le *Montcalm* devint le poste de commande.

Dès septembre 1939, la position de Naval Officer in Charge of Québec (N.O.I.C.) fut créée pour diriger les opérations dans le fleuve Saint-Laurent[47]. Le 1er avril 1941, l'établissement

---

46. Roger Sarty, *Le Canada et la bataille de l'Atlantique*, Montréal, Art global, 1998, p. 102.

47. Schull, *op. cit.*, p. 532-542. Trois officiers supérieurs occupèrent ce poste : le capitaine de frégate R.-L. Jermain, MRC, de septembre 1939 à janvier 1941, le capitaine de vaisseau L.J.M. Gauvreau, MRC, de janvier 1941 à juillet 1945 et le capitaine de frégate Latchmore, RCNR, de juillet 1945 au 1er janvier 1946, date à laquelle cette position fut abolie.

côtier à partir duquel ce dernier opérait fut mis en service sous le nom *NCSM Chaleur II*. Le N.O.I.C. était responsable non seulement du service du contrôle et des inspections pour le port de Québec, mais aussi de l'organisation des convois Québec-Sydney en direction de l'Europe, des opérations de la force anti-sous-marine de Québec et de la mise en service de tous les navires construits dans les chantiers navals des Grands-Lacs et du Saint-Laurent[48].

L'équipage du *Chaleur II*, qui était amené à patrouiller le fleuve Saint-Laurent[49] autant qu'à veiller jour et nuit à l'avant-poste de contrôle et de transmission de Saint-Jean sur l'île d'Orléans, provenait pour plus de la moitié du *Montcalm*. C'est pour toutes ces nouvelles fonctions confiées à l'unité pour la période de la guerre que le *Montcalm* fut armé le 13 novembre 1941 comme transbordeur du *NCSM Chaleur II*. Un an plus tard, le 1er novembre 1942, le *Montcalm* fut remis en service comme établissement côtier indépendant.

---

48. Naval Historical Section, *Bref History of HMCS CHALEUR*, 30 juillet 1959.

49. Les navires qui furent affectés à cette tâche étaient les *NCSM Chaleur I*, *Madawaska* et *Maxime* ainsi que le remorqueur *Lanoraie* et le navire de service *Druid*.

Frère aîné de Léon Gauvreau, le capitaine de vaisseau Louis-Joseph-Maurice Gauvreau fut, à l'âge de 15 ans, en 1910, l'un des premiers aspirants de marine enrôlés dans la Marine royale canadienne. Diplômé du Royal Naval College à Halifax, il devint le commandant en second du destroyer *HMS Oberon*, en 1917, avant d'être promu commandant du *HMS Truant* à la fin de la Première Guerre mondiale. Ainsi, Maurice Gauvreau fut le premier officier canadien français à commander un navire de guerre de la Royal Navy. Il fut officier superviseur du district de Québec pour la Marine royale canadienne, en 1925, lorsque le commodore Walter Hose le nomma commandant par intérim de la demi-compagnie de Québec. Succédant à son frère tuberculeux, du 19 janvier 1925 au 20 mai 1925, il mènera une enquête sur l'état de la Marine au Québec. Par la suite, il fut officier pour le service du renseignement.

De retour le 12 janvier 1941 comme N.O.I.C. à Québec, il assuma cette charge jusqu'au 12 février 1945. En 1946, après 36 années de service, il prit sa retraite et devint antiquaire dans la ville de Victoria où il décéda en 1977. Lui et le contre-amiral V.G. Brodeur furent, comme Canadiens français, les deux premiers officiers de la Marine royale canadienne, les plus hauts gradés durant la Deuxième Guerre mondiale et les seuls à avoir participé aux deux grandes guerres (Office nationale du film, 1942).

Le *Montcalm* fut la principale unité qui permit aux francophones de se joindre à la Marine et de participer à la Deuxième Guerre mondiale. La fin des hostilités impliqua une reconversion de l'unité en centre de démobilisation. Elle ne signifia pas pour autant la fin d'une période d'accomplissement.

L'Aéronavale

Bien qu'il n'en reste aujourd'hui que quelques souvenirs et des reliques, la Marine a possédé, de 1918 à 1969, sa propre aviation. L'après-guerre fut cependant la période la plus fructueuse pour l'Aéronavale. Les trois porte-avions acquis par le Canada, le *NCSM Warrior* (1946-1948), le *NCSM Magnificent* (1948-1957) et le *NCSM Bonaventure* (1957-1969), en furent le fer de lance[50]. Dans ce sens, la formation d'un escadron

---

50. Les deux seuls autres porte-avions ayant servi pour la Marine royale canadienne furent le *HMS Nabob* et le *HMS Puncher* en 1944.

aérien intégré au *Montcalm* pendant les années 1950 constitue une initiative sans précédent et d'envergure.

À partir de 1952, après une série de grandes réductions dans le budget naval, le Groupe aérien de réserve, composé de cinq escadrons, fut mis en service. Le quatrième de ces escadrons fut le *VC 923*. Mis en service le 1er mai 1954, le *VC 923* était stationné à l'aéroport de L'Ancienne-Lorette. En plus d'être un centre d'apprentissage, le *VC 923* était « […] un centre de réserve qui [avait] pour but d'exercer des pilotes à la manœuvre des appareils de combats, pilotes qui [devaient] être prêts à répondre à toute urgence au champs de bataille[51] ». Unité auxiliaire sous la responsabilité du *Montcalm*, le *VC 923* était la seule station de l'Aéronavale au Québec. Elle avait aussi pour objectif direct de former dans la population canadienne-française un corps professionnel d'aviateurs[52].

Ignoré dans le programme de réorganisation de l'Aéronavale, le *VC 923* fut démantelé le 3 mars 1959, dix ans avant l'unification des Forces canadiennes qui mit fin à ce service. L'expérience n'en fut pas moins concluante pour le *Montcalm*. Elle

---

51. Maurice Roy, « Escadrille aéronavale à L'Ancienne-Lorette », *Le Soleil*, Québec, dimanche 8 août 1954, p. 21.

52. J.D.F Kealy et E.C. Russel, *Histoire de l'Aéronavale canadienne, 1918-1962*, Ottawa, ministère de la Défense nationale, Section historique de la Marine, 1965, p. 70-71. Les autres unités étaient à Toronto, Kingston, Victoria et Calgary.

permit d'acquérir un nouveau type de personnel et d'assimiler son savoir-faire.

Voici, de gauche à droite, les enseignes de vaisseau de seconde classe J.P. Jobin (futur commandant du *Montcalm*), Antonin Alain, Pierre Gagné, Claude Laurin et, au centre, leur instructeur le lieutenant de vaisseau Jacques Coté (qui devint plus tard commodore). Ces quatre enseignes de vaisseau furent les premiers officiers du *VC 923* à recevoir leurs ailes de pilote, en 1955. Ils reçurent leur formation sur les trois avions d'entraînement *Harvard AT6 Mark II* que possédait l'escadron.

Le journal de bord d'un long voyage

La fluctuation des effectifs du *Montcalm*, au cours du siècle, fut représentative à la fois de l'état du Service naval canadien, de l'intérêt de la population québécoise envers la Marine et de la situation linguistique à l'intérieur de celle-ci. Les membres de l'équipage y reçurent une formation et un entraînement truffés d'initiatives et le plus possible adaptés à leurs caractéristiques culturelles. Ils contribuèrent à donner un second souffle au Service naval.

L'analyse des données fournies par tous les rapports historiques produits par le *Montcalm* offre une certaine continuité. Tout d'abord, le maniement des armes portatives et des pièces d'artillerie, les rudiments du matelotage, de la signalisation, de la plongée sous-marine, de l'ingénierie ainsi que du travail cartographique furent au centre de l'instruction. Le *Montcalm* dut également suivre l'évolution et inclure dans son programme de formation des éléments tels que les équipements de télécommunication navale et la gestion environnementale.

L'entraînement donné au *Montcalm* permit de garder son personnel opérationnel. Dans les années 1920 et 1930, le *Montcalm* acquit des embarcations motorisées comme matériel d'instruction. Au printemps 1941, un petit navire de patrouille, nommé *Millicette*, fut utilisé comme navire-école. Durant la période de l'après-guerre, un navire remorqueur, une vedette et deux baleinières constituèrent la flottille de l'unité. Le 7 avril 1976, le *Montcalm* prit livraison du navire patrouilleur *PBL 193 Captor*[53]. Jusqu'en 1993, le *Captor* donna l'occasion aux officiers et aux

En complément aux responsabilités opérationnelles confiées à ses réservistes, une compagnie franche de la Marine a été créée, en 1993, par la division des relations publique du Quartier général de la Réserve navale. Intégrée depuis le 24 juin 2001 au *Montcalm*, elle participe à des reconstitutions de batailles historiques à travers le Canada. Les Compagnies franches de la Marine, instituées en 1622 par le cardinal Richelieu, étaient des troupes d'infanteries coloniales indépendantes de l'armée de terre régulière. Elles furent envoyées en Nouvelle-France en 1683 et y servirent jusqu'à la Conquête.

---

53. Capitaine de vaisseau Richard Sharpe, *Jane's Fighting Ship 1992-1993*, Londres, Jane's information Group Limited, 1992, p. 87. La photo représentant cette classe de navire dans cette édition est celle du *Captor*. Elle fut prise en 1991 avec des membres du *Montcalm* à son bord.

membres de l'équipage du *Montcalm* de se perfectionner à son bord en navigation côtière et d'être disponibles sur le fleuve pour la recherche et le sauvetage.

Le *Montcalm* continue à évoluer en fournissant de nos jours les équipages pour les navires de défense côtière de classe *Kingston* ainsi qu'en participant au contrôle naval de la navigation commerciale, à la défense portuaire et à la lutte contre les mines. Il répond au rôle premier de la Réserve navale qui :

> [...] a pour mission de fournir au Commandement maritime du personnel qualifié pour ses éléments de combat et de soutien, et ce, dans le contexte de la Force totale, afin de permettre au Canada de respecter ses engagements en matière de défense en temps de paix, de crise ou de guerre[54].

Quand, pour soutenir le 2e bataillon du Royal 22e Régiment lors d'un exercice d'opération amphibie dans la région du Saguenay à l'été 2000, le *Montcalm* déploya une de ses embarcations de service avec son équipage, il ne fit que perpétuer l'exceptionnelle efficacité de son personnel en remplissant ses obligations.

Gardant le cap en ce nouveau millénaire, l'unité a mis un accent particulier sur les exercices de simulation Naval Part Task Trainer (NPTT) qui

---

54. Capitaine de frégate J. Lévesque, *Présentation du NCSM MONTCALM*, RESNAV, 9 février 2001.

intègrent les équipements informatiques de haute pointe au programme d'entraînement pour la navigation et les manœuvres des futurs officiers de quart. Une nouvelle salle d'opérations a aussi été aménagée pour permettre à plusieurs matelots et officiers de travailler en étroite collaboration dans une salle des opérations annexée à une passerelle simulée d'un navire de défense côtière. Il s'agit d'une excellente méthode, interactive et dynamique, qui permet à plusieurs groupes de métier de travailler ensemble.

Bien que la mission première continue d'être orientée vers l'entraînement individuel, les opérations locales ont fourni au personnel une motivation additionnelle pour parfaire leurs connaissances mais surtout pour mieux valoriser leur contribution à la Réserve navale. Les excellents résultats obtenus témoignent de la valeur du système d'instruction implanté par la première unité francophone de la Marine canadienne : générer un champ d'expertise bénéfique pour un jeune équipage à Québec.

Annexes

ANNEXE A
Liste des commandants du *Montcalm*

Enseigne de vaisseau Charles-Léon Gauvreau, RCNVR, premier commandant de la demi-compagnie de Québec, du 28 février 1923 au 18 janvier 1925. Il reçut la War Badge class A n° 22511, le 28 août 1918, ainsi que la British War Medal et la Victory Medal, le 31 décembre 1922. Il proposa ses services à la Marine en 1939, mais fut refusé pour des raisons de santé. Nommé officier pour le ministère des Douanes, il décéda en 1971 d'une crise d'emphysème. Sa dépouille repose au cimetière de Lévis.

Lieutenant de vaisseau Louis-Joseph-Maurice Gauvreau, Marine royale canadienne, officier superviseur du district de Québec et commandant par intérim de la demi-compagnie de Québec, du 19 janvier 1925 au 20 mai 1925. Voir sa biographie au chapitre III.

Enseigne de vaisseau Joseph-Claude-Achille Pettigrew, RCNVR, commandant de la demi-compagnie de Québec, du 21 mai 1925 au 31 mars 1935, et du 6 février 1937 au 30 septembre 1938. Petit-fils du seigneur de Villeray, Louis-Narcisse Gauvreau, donc cousin de ses deux prédécesseurs, il fut nommé juge en 1943. Le 20 mai 1995, l'édifice de formation du complexe naval de la pointe à Carcy fut appelé officiellement édifice Achille-Pettigrew.

Capitaine de corvette Jean-M.-Édouard Beaudoin Lemieux, RCNVR, commandant de la demi-compagnie de Québec, du 1er avril 1935 au 5 février 1937.

Annexe A : Liste des commandants du *Montcalm* • 73

Capitaine de corvette Frederick Avery Price, RCNVR, commandant de la division de Québec, du 1er octobre 1938 au 9 août 1940.

Lieutenant de vaisseau Kenneth Lorne Johnson, RCNVR, commandant de la division de Québec, du 10 août 1940 au 30 septembre 1942.

Lieutenant de vaisseau Renault Maurice Stephen St-Laurent, RCNVR, commandant du *NCSM Montcalm*, du 1er octobre 1942 au 29 juin 1943.

Lieutenant de vaisseau Eugène François Noël, RCNVR, commandant, du 30 juin 1943 au 29 mars 1946, et du 15 février 1949 au 14 octobre 1951. Il reçut l'Ordre de l'Empire britannique en 1944.

Annexe A : Liste des commandants du *Montcalm* • 77

Lieutenant de vaisseau Thomas Stewart Reid Peacock, Réserve de la Marine royale canadienne, commandant par intérim, du 30 mars 1946 au 30 avril 1946.

Lieutenant de vaisseau Marcel-Joseph-Alphonse-T. Jetté, Réserve de la Marine royale canadienne, commandant, du 1er mai 1946 au 23 novembre 1947, et du 15 octobre 1951 au 20 octobre 1952. Il participa au *Rapport Mainguy*, en 1949, présida, en 1951, sa propre commission sur la situation des francophones dans la Marine, et fut le premier commandant du *NCSM D'Iberville*. Après avoir quitté le *Montcalm*, il se joignit au service régulier, obtint le grade de commodore et devint chef d'état-major du secteur maritime du fleuve Saint-Laurent et des Grands Lacs.

Lieutenant de vaisseau Joseph-Benoît-Aurèle Bérubé, Réserve de la Marine royale canadienne, commandant, du 24 novembre 1947 au 14 février 1949.

Capitaine de corvette William George Mylett, Réserve de la Marine royale canadienne, commandant, du 21 octobre 1952 au 31 août 1956, et du 31 août 1962 à juillet 1963. Entré dans la RCNVR en juillet 1941, il devint, en 1943, commandant en second du navire démineur *NCSM Drummondville* puis de la première frégate lancée par la Marine royale canadienne, le *NCSM Dunver*, en 1944. Cet officier de manœuvre participa à l'escorte du plus gros convoi de la Deuxième Guerre mondiale, le HXS 300, du 17 juillet au 3 août 1944. Sur le *Dunver*, le 9 septembre suivant, il participa à la destruction du sous-marin *U-484*. Quand la guerre fut terminée, il devint commandant du Corps universitaire d'entraînement naval à l'Université Laval. Il fut décoré de l'Étoile de 1939-1945, de l'Étoile de l'Atlantique, de la Médaille canadienne du Service volontaire avec feuille d'érable et de la Médaille de la guerre de 1939-1945 avec feuille de chêne.

Capitaine de frégate Pierre Langlais, commandant, du 1er septembre 1956 au 31 août 1962. Avant d'accéder à ce poste, cet ingénieur civil commanda lui aussi le Corps universitaire d'entraînement naval à l'Université Laval.

Capitaine de frégate Jean-Paul Jobin, commandant, de juillet 1963 à août 1968. Il fut le premier pilote de l'Aéronavale à avoir reçu ses ailes dans la province de Québec. Commandant de l'escadron VC-923, de 1956 à 1958, il servit en qualité de pilote sur le *NCSM Bonaventure*, au cours des étés de 1965 à 1968. Il fut aussi aide de camp du gouverneur général du Canada, le major-général G.-P. Vanier.

Capitaine de frégate Peter J. Gwyn, commandant, de septembre 1968 au 1er septembre 1971. Né en 1936, à Kingsheath, en Angleterre, il se joignit au Corps universitaire d'entraînement naval en 1952. L'année suivante, il entra au Collège militaire royal de Saint-Jean. Diplômé comme ingénieur maritime, en 1956, il fut affecté sur le *NCSM Huron* jusqu'en 1958. Au cours de cette même année, il continua sa formation au Royal Naval College, à Greenwich, puis fit partie de l'équipage des *NCSM Saguenay*, *Athabaskan* et *Sioux*. En 1962, il devint l'un des principaux cadres aux chantiers maritimes Davie, à Lauzon. Durant ce temps, il étudia à l'École d'architecture navale de Québec, participa au programme de restauration du *Bonaventure* et intégra la Réserve navale pour devenir commandant en second du *NCSM Montcalm*, en 1966. Lorsqu'il quitta la Marine, en 1972, il immigra aux États-Unis. Il travailla pour la General Dynamics jusqu'en 1980, période durant laquelle il reçut un diplôme en administration des affaires de l'Université de Harvard, en 1979. Il fut ensuite président de l'AMCA International Marine Division, jusqu'en 1986, et président de la Massachusetts Shipbuilding Inc., jusqu'en 1990. Aujourd'hui, il est président-directeur général de la Bird-Johnson Compagny / Rolls-Roys Naval Marine Inc., l'entreprise qui conçoit et produit les systèmes de propulsion pour la plupart des navires et sous-marins de la Marine américaine et de la Garde côtière américaine.

Capitaine de frégate Raynold Langlois, commandant, du 1er septembre 1971 au 1er juin 1974. Il se joignit au Corps universitaire d'entraînement naval à l'Université Laval en 1960 et obtint son diplôme en 1963. Il reçut, en 1973, l'Ordre du mérite militaire. Promu au grade de capitaine de vaisseau, en 1974, il occupa le poste d'officier supérieur d'état-major (marine) auprès du major-général à la Force de défense jusqu'à son départ des Forces canadiennes, en 1979.

Capitaine de frégate Jacques Dallaire, commandant, du 1er juin 1974 au 15 août 1977. Entré dans la Réserve de la Marine royale canadienne en 1960, il fut diplômé du Corps universitaire d'entraînement naval à l'Université Laval, en 1963. Après s'être spécialisé dans le contrôle naval de la navigation commerciale, en 1964, il participa plus de 12 fois à des exercices de l'OTAN, jusqu'en 1985. Bien qu'il ait servi sur différents navires, dont le *NCSM Ottawa*, en 1969, il eut toujours comme unité d'appartenance le *Montcalm*. Il y fut, entre autres, officier d'entraînement, de 1970 à 1973, et commandant en second, de 1974 à 1977. Parallèlement, il fut administrateur du Groupe maritime de Québec, de 1974 à 1976, vice-président de la Ligue navale de Cap-Rouge, de 1982 à 1983, et président de la Ligue navale de Cap-Rouge–Saint-Augustin, de 1983 à 1985.

Capitaine de frégate Pierre Houle, commandant, du 15 août 1977 au 1er août 1981, et du 1er août 1986 au 1er août 1989. Entré dans la Réserve de la Marine royale canadienne en 1966, il fit partie de la dernière promotion du Corps universitaire d'entraînement naval à l'Université Laval.

Capitaine de frégate Jean-Claude Michaud, commandant, du 1er août 1981 à septembre 1986. Entré à l'Institut maritime du Québec, à Rimouski, en 1959, il se joint à la Réserve de la Marine royale canadienne en 1961. Officier adjoint du contrôle naval de la navigation commerciale, au *NCSM Donnacona*, à Montréal, il fut, la même année, officier des opérations sur le *HMS Glamorgan* puis, en 1972, officier de manœuvre sur le *HMS Saint-David*. C'est alors qu'il occupait le poste de capitaine du port de Québec, de 1973 à 1992, qu'il fut muté au *Montcalm*. Officier responsable du navire *Captor*, officier d'administration, officier des opérations et du contrôle naval de la navigation commerciale, commandant en second puis commandant du *Montcalm*, il devint officier supérieur du contrôle naval de la navigation commerciale du secteur maritime du Saint-Laurent et des Grands Lacs, en 1986, et du district Laurentien, en 1988. Nommé commodore et officier supérieur d'état-major de la Réserve navale pour le Quartier général de la Force maritime, en 1992, il accéda finalement au poste de commandant de la Réserve navale, en 1993. Jusqu'à sa libération des Forces canadiennes, en 1995, il fut le seul commandant du *Montcalm* à occuper cette position et le second à se joindre à l'Amirauté. Il est aujourd'hui président de l'Administration de pilotage des Laurentides.

Capitaine de frégate Jean Léveillé, commandant, du 1er août 1989 au 6 juillet 1993.

Capitaine de corvette Claude-R. LeClerc, commandant, du 6 juillet 1993 au 1ᵉʳ août 1994. Entré dans la Marine royale canadienne en 1964, il suivit ses cours de formation au *NCSM Venture*, à Esquimalt. Officier de pont sur le *NCSM Cape Scott* (1965-1967) et sur le *NCSM Terra Nova* (1967-1968), il devint ensuite officier de logistique. Affecté à l'Arsenal de Sa Majesté, à Halifax, en 1968, il fut l'officier de logistique du *NCSM Sainte-Croix*, en 1969, officier d'état-major de logistique au Quartier général de la Force maritime du Pacifique, en 1972, conseiller militaire du centre de recrutement de Québec, en 1974, officier d'état-major des services financiers au Quartier général de la Défense nationale, en 1975, officier d'approvisionnement sur le *NCSM Provider*, en 1978, chef des services techniques de la Garnison Saint-Jean, en 1980, officier d'état-major du War Time Nation Support au Quartier général des Forces américaines en Europe, à Stuttgart, en Allemagne, au cours de l'année 1984, et officier d'état-major des services financiers au Quartier général des Forces armées en Europe, à Lahr, en Allemagne, l'année suivante. De retour au Canada, en 1989, il fut muté dans la Force de réserve et devint officier d'état-major de logistique au Quartier général de la Réserve navale à Québec. Il se retira des Forces canadiennes, en 1994.

Capitaine de corvette P. Tessier, commandant, du 1er août 1994 au 8 juillet 1996.

Entré au Collège militaire royal de Saint-Jean, en 1968, il devint officier d'opération maritime en 1973. Il fut officier comptable à la Base des Forces canadiennes (BFC) à North Bay, en Ontario, jusqu'en 1975, puis fut affecté au service d'approvisionnement de la BFC Valcartier. En 1979, il fut nommé officier quartier-maître du Royal Canadian Dragoons à Lahr, en Allemagne, et chef du service de support canadien au Canadian AEW Geilenkirchen, en Allemagne, en 1980. De retour au Canada, en 1982, il devint chef de l'administration, puis chef d'entrepôt au Dépôt d'approvisionnement des Forces canadiennes, à Downsview, en Ontario. En 1984, il se joignit au Quartier général des Nations unies, à Damas, en Syrie, comme responsable supérieur de logistique. La même année, il revint au Dépôt d'approvisionnement des Forces canadiennes. C'est à Valcartier qu'il terminera sa carrière dans la Force régulière en qualité d'officier du service technique, de 1986 à 1989. Devenu responsable de l'approvisionnement de la Ville de Beauport en janvier 1989, il occupa ce poste jusqu'au 31 décembre 2001. C'est pendant cette période qu'il se joignit à la Réserve navale et devint l'officier de logistique du *Montcalm*, en 1993. Depuis le 1er janvier 2002, il est directeur de la Division inventaires et magasins de la nouvelle Ville de Québec.

Annexe A: Liste des commandants du *Montcalm* • 93

Capitaine de corvette Gilles Ross, commandant, de septembre 1996 au 1ᵉʳ juillet 1998.

Entré au Collège militaire royal de Saint-Jean en vue de devenir officier d'opérations maritimes, en 1977, il fut affecté à la branche de logistique des Forces canadiennes à la suite d'un accident en mer. Finissant premier de sa promotion, en 1982, il fut affecté, en 1983, comme officier d'état-major au 5ᵉ bataillon des services du Canada. En 1985, il fut affecté au Quartier général de la force des Nations unies à Chypre. À son retour, il occupa le poste de commandant adjoint de la compagnie de transport de

Valcartier. Muté dans la Force de réserve, en 1989, il fut officier d'état-major dans la section de l'instruction du Quartier général de la Réserve navale jusqu'à ce qu'il soit nommé commandant du *Montcalm*, en 1996. Par la suite, il occupa les postes de commandant du Quartier général de la Réserve navale et celui de commandant en second de l'École navale des Forces canadiennes. Nommé officier d'état-major responsable de la planification des mouvements des Forces canadiennes à l'étranger du Quartier général interarmées à Kingston, il participa à de nombreuses missions, dont Opération forage, en Macédoine, et Opération Apollo, en Afghanistan.

Capitaine de frégate Albert Dubuc, commandant, du 1e juillet 1998 à août 2003.

À l'été 1965, il s'engagea dans l'Aviation royale du Canada à titre de technicien en approvisionnement. À la suite de son entraînement de base et de son cours de métier, il fut affecté au dépôt d'approvisionnement à Toronto. De juillet 1971 à novembre 1973, il assuma successivement les fonctions de responsable des achats et du contrôle des stocks à la station radar du mont Apica, située dans le parc des Laurentides. Par la suite, il fut muté à la BFC Comox en Colombie-Britannique, où il occupa d'abord le poste de responsable des demandes prioritaires, suivi de celui de surveillant du centre des données automatisées. En avril 1976, il fut muté à la BFC Montréal où il occupa simultanément les postes d'adjoint aux services de gestion ainsi qu'au magasin d'habillement. Promu au grade de sergent en septembre 1978, il fut nommé instructeur-chef à l'École d'administration et de logistique à Borden en Ontario.

Après avoir obtenu son brevet d'officier, en avril 1981, il se vit confier le poste d'officier contrôleur du matériel à la base de Bagotville. De juillet 1982 à juillet 1988, il servit auprès de deux unités cantonnées dans la région de Québec. Il débuta à titre de chef de l'escadrille administrative et de logistique du 430e escadron tactique d'hélicoptère et devint l'officier contrôleur des systèmes du 5e bataillon des services du Canada. En août 1988, il fut affecté au Quartier général du 10e groupement aérien tactique, à Saint-Hubert, en qualité d'officier d'état-major de logistique. Un an plus tard, il quitta la Force régulière pour se joindre au Quartier général de la Réserve navale à Québec. Il cumula les fonctions d'officier d'état-major au sein de la section de logistique jusqu'en 1993, pour ensuite occuper le poste de chef du Département des services d'inspection, durant une période de trois ans. En janvier 1996, le capitaine de corvette Albert Dubuc fut nommé commandant du Quartier général de la Réserve navale. Le 1er avril 1998, il fut promu au grade de capitaine de frégate et, le 1er juillet, muté au *Montcalm* à titre de commandant de l'unité.

Capitaine de corvette Michel Audy, commandant, d'août 2003 au 16 septembre 2006.

Il joint les Forces armées canadiennes en novembre 1975 en tant que manœuvrier au *NCSM Montcalm*. Il reçoit son brevet d'officier à l'été 1979. Il s'entraîne ensuite aux centres de formation des côtes Est et Ouest et obtient son brevet de quart de navigation à l'été 1981. Il commande le patrouilleur Captor du *NCSM Montcalm* au cours des étés 1981 et 1982 ainsi qu'un patrouilleur d'entraînement à Esquimalt, en Colombie-Britannique au cours de l'été suivant. À l'été 1984, il commande de nouveau le Captor au service du rassemblement des Grands Voiliers à Québec et des différents corps de cadets de la Marine situés aux abords du Saint-Laurent, du Saguenay et du Richelieu. À l'automne 1984, il participe à un échange sur les dragueurs de mines britanniques. À l'été 1989, il prend part à un autre échange, cette fois sur les dragueurs de mines de la Marine française.

En mars 1984, le capitaine de corvette Audy commence son service à temps plein pour la Réserve navale. Il fait partie de l'équipe qui crée la Compagnie franche de la Marine, le Musée naval de Québec ainsi que le complexe naval de la pointe à Carcy. En 1991, il est promu à son grade actuel et est nommé commandant en second du *NCSM Montcalm*.

Quatre ans plus tard, il est muté à l'École navale des Forces canadiennes à Québec. À l'été 1997, il complète le cours des opérations côtières et en 1998 le cours d'état-major et de commandement de la Réserve à Toronto. De retour au Quartier général de la Réserve navale, il occupe le poste d'officier senior d'état-major de l'entraînement et retourne à l'École navale en 2001 en qualité de commandant de la division du support et des opérations navales. Au mois d'août 2003, le capitaine de corvette Audy est muté commandant du *NCSM Montcalm*, unité à la tête de laquelle il passe trois ans.

Capitaine de frégate Luc Morin, commandant, du 16 septembre 2006 à aujourd'hui.

Le capitaine de frégate Morin est un logisticien naval qui a servi aux trois niveaux d'approvisionnement ainsi que dans les domaines de la finance, des ressources humaines et un des rares logisticiens navals avec une expérience dans la gestion du transport maritime. Il est membre en règle de la Professional Logistics Institute et a obtenu, grâce à des études à temps partiel, une maîtrise en gestion de projets à l'Université du Québec en Outaouais en 2001.

C'est en 1979, après l'obtention de son baccalauréat en science à l'Université Laval, qu'il commence sa carrière professionnelle à Halifax. Il sert à la base navale ainsi qu'à bord des navires *Algonquin*, *Preserver* et *Skeena*. Puis, en 1985, il est muté au Quartier général de la Défense nationale (QGDN), dans le groupe du sous-ministre adjoint – matériel (SMA(Mat)) – et il œuvre en tant qu'officier de gestion de contrats dans la section des réparations et de remise à neuf pour le projet d'acquisition des frégates de patrouille canadiennes. Il complète son premier tour au QGDN en prenant la charge des coordinateurs de carrière pour les métiers de logistique (approvisionnement, commis de finance, cuisiniers et maître d'hôtels). En 1992, il est transféré sur la côte Ouest en tant qu'officier d'état-major des opérations logistiques. Au cours de cette même période, il est déployé six mois en Italie en tant que directeur des opérations logistiques au sein du site avancé de logistique de l'OTAN pour soutenir l'opération Sharpgard. En 1996, il est nommé contrôleur du 25e dépôt d'approvisionnement des Forces canadiennes à Montréal. Deux ans plus tard, en tant que capitaine de corvette, il retourne au sein du SMA(Mat) où il dirige la portion maritime de la rationalisation des pièces de rechange afin de réduire les surplus d'inventaires et de se départir des pièces obsolètes. En 2001, il est sélectionné à un poste d'échange avec le Military Sealift Command en Europe où il agit en tant que directeur des opérations de trafic maritime. À son retour au pays, le capitaine de frégate Morin devient le contrôleur de la Réserve navale.

À sa promotion au grade actuel, il demeure au sein du Quartier général de la Réserve navale en tant qu'officier de projets. Après quelques mois, il joint la Réserve supplémentaire et se porte volontaire pour l'opération Foundation où il sert pendant six mois en tant qu'officier de liaison au sein du Commandement central des Forces navales américaines à Bahreïn au Moyen-Orient. Le capitaine de frégate Morin est le 26e commandant du *NCSM Montcalm*.

ANNEXE B
Comment le Service naval canadien traite les Canadiens français

Compagnies canadiennes-françaises qui font place à des compagnies anglaises

Québec, 18. – En 1923, le Service naval canadien créait au pays une réserve de volontaires. Québec prit les devants et, grâce au bon travail de MM. Achille Pettigrew, C.R., Paul Delâge et Beaudoin Lemieux, l'unité de Québec devint l'une des meilleures, sinon la meilleure unité au Canada.

Grâce aux efforts du capitaine Victor-G. Brodeur, une demi-compagnie canadienne-française vit aussi le jour à Montréal, mais pour bientôt disparaître et faire place à une compagnie anglaise commandée actuellement par un anglais de Winnipeg, le lt.-commandant Brock.

Or, ce qui s'est passé à Montréal il y a quelques années est en train de se répéter, ici, à Québec.

Le nouveau directeur des Réserves navales, le commandant Creery, R.C.N. (sa nomination date du 20 décembre 1935), est actuellement à Québec, avec mission de mettre à la [retraite les officiers canadiens-français présentement à la] direction de l'Unité. Le commandant, d'ici quelques semaines, sera le lt.-commandant F. Price. Il ne restera d'officiers de notre langue, sur l'effectif, que deux juniors; d'ici douze mois, on aura fait de la compagnie de Québec une unité exclusivement anglaise.

Et ceci se passe alors que le chef du Service naval le commodore P.-W. Nelles, que l'on dit être sympathique aux Canadiens français, est actuellement à la Conférence navale de Londres.

Québec est fière de ses marins canadiens-français et la R.C.N.V.R. devrait survivre comme unité canadienne-française.

C'est à la députation de Québec et à nos ministres, à Ottawa, d'intervenir pour que les droits des nôtres soient sauvegardés.

Sources : *Le Droit*, Québec, 18 janvier 1936. Une version du même texte parut aussi dans le quotidien *L'Action libérale* la même journée.

ANNEXE C
Liste des anciens membres du *Montcalm* morts au cours de la Deuxième Guerre mondiale

MATRICULE : V-23319
L. Tel. John Derrick Asselton
DÉCÈS : 8 août 1944   NAVIRE : *NCSM Régina*

MATRICULE : V-3484
AB Roger Bélanger
DÉCÈS : 7 septembre 1942   NAVIRE : *NCSM Raccoon*

MATRICULE : V-3888
CK Joseph-Bertrand-Alphonse Benoît
DÉCÈS : 24 novembre 1944
NAVIRE : *NCSM Shawinigan*

MATRICULE : V-3526
STO I/C Joseph-Georges-Édmond Blanchet
DÉCÈS : 24 décembre 1941
NAVIRE : *NCSM Saint-Clair*

MATRICULE : V-3582
AB Joseph-Arthur-Yann Blouin
DÉCÈS : 10 février 1942   NAVIRE : *NCSM Spikenard*

MATRICULE : V-3677
AB Paul-Henri-Aloys Chamberland
DÉCÈS : 29 avril 1944   NAVIRE : *NCSM Athabaskan*

MATRICULE : V-3686
 STO I/C Joseph-Adélard-Jean-Louis Collin
 DÉCÈS : 13 septembre 1942
 NAVIRE : *NCSM Ottawa*

MATRICULE : V-3668
 PO Georges Ronald Dicks
 DÉCÈS : 18 mars 1945
 NAVIRE : *NCSM Guysborough*

MATRICULE : V-3373
 L STO Albert-Jean-Germain Dion
 DÉCÈS : 29 avril 1944   NAVIRE : *NCSM Athabaskan*

MATRICULE : V-21880
 CPO (OA) Ernest Fecteau
 DÉCÈS : 25 juin 1940   NAVIRE : *NCSM Fraser*

MATRICULE : V-3567
 OS Joseph-Abraham-Armar-Siméon Gagné
 19 septembre 1941   NAVIRE : *NCSM Lévis*

MATRICULE : V-3332
 CPO (OA) John Henry Gill
 DÉCÈS : 22 octobre 1940
 NAVIRE : *NCSM Margaree*

MATRICULE : V-3952
 STWD Joseph-Philippe-Lionel Goulet
 DÉCÈS : 20 septembre 1943
 NAVIRE : *NCSM Sainte-Croix*

MATRICULE : V-75031
 OS Arnold Ashley Hibbard
 DÉCÈS : 24 novembre 1944
 NAVIRE : *NCSM Shawinigan*

MATRICULE : V-3538
  LS Joseph-Roméo-Gaston Jobin
  DÉCÈS : 7 mai 1944   NAVIRE : *NCSM Valleyfield*

MATRICULE : V-3370
  O Sig Joseph Wilbrod Guy Laflamme
  DÉCÈS : 7 septembre 1942
  NAVIRE : *NCSM Raccoon*

MATRICULE : V-5246
  AB James Crookes Maloney
  DÉCÈS : 2 décembre 1940
  NAVIRE : *SS Wilhelmina*

MATRICULE : V-3985
  OB Joseph-Georges-Édouard-Vincent Morin
  DÉCÈS : 6 février 1943
  NAVIRE : *NCSM Louisbourg*

MATRICULE : V-3417
  AB Joseph-Raoul-Rolland Nadeau
  DÉCÈS : 7 mai 1944   NAVIRE : *NCSM Valleyfield*

MATRICULE : V-3754
  STWD Joseph-Henri Pageot
  DÉCÈS : 25 novembre 1943
  NAVIRE : *NCSM Amherst*

MATRICULE : V-3312
  AB Paul-Vincent Paradis
  DÉCÈS : 13 septembre 1942
  NAVIRE : *NCSM Ottawa*

MATRICULE : A-2901
  PO (ERA) Joseph-Dollard Pouliot
  DÉCÈS : 8 janvier 1943   NAVIRE : *NCSM Avalon*

MATRICULE : A-5921
O TEL Harold Renshick
DÉCÈS : 17 juin 1941   NAVIRE : *NCSM Stadacona*

MATRICULE : V-37192
AB Joseph-Ludger-Marcel Saint-Laurent
DÉCÈS : 29 avril 1944   NAVIRE : *NCSM Athabaskan*

MATRICULE : V-3411
AB Joseph-Hidola-Michel Simard
DÉCÈS : 20 septembre 1943
NAVIRE : *NCSM Sainte-Croix*

MATRICULE : V-3220
AB Gordon Elsworth Smith
DÉCÈS : 22 octobre 1940
NAVIRE : *NCSM Margaree*

MATRICULE : V-3555
STO I/C Camille-Gérard Trudel
DÉCÈS : 13 septembre 1942
NAVIRE : *NCSM Ottawa*

MATRICULE : V-3475
CODER Charles-Michel-Augustin Upton
DÉCÈS : 10 février 1942   NAVIRE : *NCSM Spikenard*

MATRICULE : V-3386
PO Raymond-James Valiquette
DÉCÈS : 7 mai 1944   NAVIRE : *NCSM Valleyfield*

ANNEXE D
Navires ayant porté le nom de *Montcalm*

Mort de Montcalm
Archives nationales du Canada, C4-0741

Le premier navire à porter le nom de *Montcalm* fut un senau pendant la guerre de Sept Ans. En 1756, le commandant des troupes françaises au Canada, le marquis de Montcalm, vainquit les troupes britanniques au fort d'Oswego (dans l'État de New York). Il captura alors à la Royal Navy le senau *Halifax*[55]. Il renomma ce navire marchand à deux mâts et armé de seize canons[56] en lui donnant son propre nom.

Le senau *Montcalm* connut, un an avant la mort du marquis, une fin tout aussi tragique. Lorsque les troupes anglaises capturèrent le fort Frontenac (aujourd'hui Kingston) au mois d'août 1758, leur commandant, le colonel John Bradstreet :

> [...] fit sauter le fort et incendier les magasins avec les approvisionnements, toutes les constructions qui se trouvaient à l'intérieur et à l'extérieur du fort ainsi que les vaisseaux, à l'exception de la *Marquise* et d'un [senau], dont il se servit pour le transport du butin. Quand, après sa facile victoire, son escadrille, chargée de dépouilles, sortit de la baie de Cataracoui, il ne restait plus du fort Frontenac et de sa petite bourgade que des monceaux de ruines fumantes.
>
> L'expédition ne séjourna à Oswego que le temps de décharger les deux vaisseaux et d'y mettre le feu ; puis elle reprit la route d'Albany[57].

---

55. Mary Beacock Fryer, *More Battlefields of Canada*, Toronto, Dundurn Press, 1993, p. 36.

56. H.-R. Casgrain, *Journal du marquis de Montcalm durant ses campagnes en Canada de 1756 à 1759*, Québec, Imprimerie de L.-J. Demers, 1895, p. 450.

57. *Ibid.*, *Guerre du Canada, 1756-1760 Montcalm et Lévis*, tome I, Québec, Imprimerie de L.-J. Demers, 1891, p. 517.

Ainsi se termina le bref service du navire *Montcalm*, premier du nom.

Archives nationales du Canada, PA-211491

Le deuxième navire canadien à porter ce nom fut un brise-glace du gouvernement. Le

Canadian Gouvernement Ship Montcalm fut mis en service en 1904. Après 37 années de service sur les Grands Lacs, le Saint-Laurent, la baie d'Hudson, l'océan Arctique et la côte Atlantique, il fut restauré à Halifax en novembre 1941. Le

Marine nationale, Atelier photo du port de Brest, 8901.0804

gouvernement canadien en fit ensuite cadeau à l'URSS, en 1942. Le gouvernement stalinien garda encore de longues années ce brise-glace de 245 pieds de long, d'une vitesse de 14 nœuds et d'un jaugeage de 3 270 tonnes[58].

---

58. Francis E. McMurtrie, *Jane's Fighting Ship 1943-1944*, New York, Macmillan Company, 1945, p. 393.

Le seul navire qui porte de nos jours le nom de *Montcalm* est une frégate française de classe Georges Leygues. Armé le 28 mai 1982, il est le quatrième navire français mis en service depuis 1870 à avoir pour nom *Montcalm*. Sa mission principale est la lutte anti-sous-marine en haute mer et dans les approches maritimes du territoire national et sa mission secondaire, la lutte anti-navire et l'intervention outre-mer. Pour la première fois, en juin 1984, le *Montcalm* fit une visite de courtoisie à Québec.

ANNEXE E
Insigne du navire et couleurs

Unité photographique des Forces canadiennes, UB-314

Marine nationale, Atelier photographique du port de Toulon, SPTB-02

Description :
Parti par pal de gueules et d'azur, une tour à trois tourelles d'argent, maçonnée de sable.

Signification :
L'insigne du *NCSM Montcalm* est tiré des armoiries du lieutenant-général Louis Joseph de Montcalm-Gozon de Saint-Véran, marquis de Montcalm. Elles comprennent les 2e et 3e francs-quartiers suivants : « de sable, une tour à trois tourelles d'argent ». Il s'agit d'une tour blanche au relief noir, placée sur un fond mi-rouge, mi-bleu. Ces couleurs ont été choisies pour symboliser la possession du Québec par les Britanniques et les Français.

Couleurs officielles :
Écarlate et noir.

ANNEXE F
Les insignes de grade de la Marine canadienne

Amiral

Officiers généraux

Amiral

Vice-amiral

Contre-amiral   Commodore

Membres d'équipage

Premier maître de 1re classe · Premier maître de 2e classe · Maître de 1re classe

Maître de 2e classe · Matelot-chef · Matelot de 1re classe

Matelot de 2e classe · Matelot de 3e classe

Chronologie

1910 4 mai : création de la Marine royale canadienne.

1922 Décembre : Léon Gauvreau demande au directeur du Service naval, le capitaine de vaisseau Walter Hose, la permission d'organiser une unité de réserve dans la région de Québec.

1923 31 janvier : ordre en conseil n° 139 autorisant la création de la RCNVR. C'est le début de la Réserve navale.

28 février : V.G. Brodeur assermente Léon Gauvreau et l'informe de ses nouvelles responsabilités.

16 avril : le Quartier général du Service naval publie la décision officielle d'établir une demi-compagnie de la RCNVR à Québec.

21 avril : le secrétaire naval donne à l'enseigne de vaisseau Léon Gauvreau son approbation afin de commencer le recrutement. Il est ainsi promu au grade de lieutenant de vaisseau et confirmé dans son poste de commandant. La demi-compagnie de Québec est créée.

Décembre : production du premier compte rendu des activités sociales. Celles-ci englobent un concert, quatre combats de boxe, trois parties de baseball, une célébration eucharistique et une soirée cigares et cartes avec un orchestre formé au sein de la demi-compagnie.

1924 1ᵉʳ juillet : participation aux cérémonies de dévoilement du Monument aux morts, à Québec, par le gouverneur général du Canada, lord Byng de Vimy.

Juillet : épisode des démissions lors de l'escale du *HMS Patriot*.

1925 Mars : les membres de l'équipage montent une salle pour la projection du film *Zeebrugge*, un long-métrage qui raconte l'opération amphibie qui eut lieu à Zeebrugge sur la côte belge, en 1918.

1926 Été : la demi-compagnie remporte le trophée donné par l'Imperial Order of the Daughters of the Empire pour la compétition annuelle des signaleurs des unités en entraînement à Halifax.

1927 Été : l'unité remporte ce trophée pour une seconde année consécutive.

1928 10 avril : inspection annuelle par le commodore Walter Hose, directeur du Service naval.

1929 29 août : inspection annuelle par le commodore Walter Hose et remise du Livre d'or à l'unité.

24 décembre : visite du capitaine de frégate R.L. Edwards, MRC, du Quartier général du Service naval.

1930 25 août : visite du capitaine de frégate G. Curtein, RN, de l'America and West India Station.

1931 24 juillet : visite du capitaine de frégate A.R.N. Bridge, RN.

26 septembre : visite du capitaine de frégate Percy W. Nelles, MRC.

1933 29 octobre : inspection annuelle du capitaine de corvette J.O. Cossette, MRC, commissaire supérieur du Service naval.

1934 5 novembre : inspection annuelle du capitaine de vaisseau A.B. Coulter, MRC, officier d'état-major de logistique du Service naval.

1935 22 janvier : inspection annuelle du capitaine de vaisseau Charles Tachereau, MRC, commandant des Réserves navales.

10 avril : visite du commodore Elliot, RN, de l'Amirauté à Londres.

6 mai : participation à la parade du Jubilé d'argent de Sa Majesté le roi George V.

Automne : le terme de *demi-compagnie* fut aboli et remplacé par *division*.

1936 25 juin : inspection annuelle par le capitaine de frégate G.C. Jones, MRC, du Quartier général du Service naval.

1937 Février : exercice du corps de clairons en préparation de la parade du printemps. Une équipe fut admise dans la ligue locale de tir militaire.

1938 Hiver : instauration d'un dîner régimentaire mensuel au cours duquel un des officiers devait faire un exposé sur un sujet approprié.

1939 Mai : visite du roi George VI et de la princesse Élisabeth II.

19 juillet : visite du contre-amiral Johnson, USN.

1941 Printemps : la vedette *Millicette* est réquisitionnée à un homme de Québec, M. Robert Morton, pour devenir un navire-école.

1er juin : la ville de Québec connaît son plus grand défilé depuis la Première Guerre mondiale lorsque les services s'unissent dans la Parade de la victoire, la division en tête.

13 juin : participation aux parades et cérémonies pour la réception du Flambeau de la victoire à Québec et à Trois-Rivières.

Août : organisation d'un orchestre de tambours et clairons.

Octobre : des membres d'équipage effectuent des patrouilles terrestres du 4 au 18 octobre sous les ordres du N.O.I.C. Québec en attendant l'arrivée du personnel de la Force régulière.

8 novembre : le Quartier général du Service naval approuve la mise en service de la division de Québec.

13 novembre : la division fut armée comme un transbordeur du *NCSM Chaleur II*. Après cette cérémonie, l'unité prit le nom de *NCSM Montcalm*.

17 novembre : acquisition du navire *Millicette* pour la somme d'un dollar.

22 novembre : inspection annuelle par le capitaine de frégate E.R. Brock, RCNVR, directeur des divisions des Réserves.

29 novembre : des membres de l'équipage forment une partie de l'escorte pour les funérailles d'État du ministre Ernest Lapointe.

4 décembre : le fanion de la Royal Navy, le White Ensign, est hissé au-dessus des nouveaux quartiers.

1942 19 février : visite du capitaine de vaisseau E.R. Brock.

25 février : visite des consuls généraux du Mexique à Montréal et à Québec.

25 mars : visite du contre-amiral G.C. Jones, MRC, commandant de la Force maritime de l'Atlantique.

5-18 août : escale de recrutement de la *Millicette* dans différents ports du Québec.

8 septembre : inspection du brigadier-général G.-P. Vanier.

10 septembre : visite du comte d'Athlone, gouverneur général du Canada.

1er novembre : le *Montcalm* est remis en service comme établissement côtier indépendant.

1943   28 février : la Canadian Naval War Exhibition, parrainée par la Ligue navale, termine son exposition d'une semaine sur le pont du *Montcalm*. Le contre-amiral V.G. Brodeur, membre naval de l'état-major canadien à Washington, et le lieutenant-gouverneur du Québec ouvrient officiellement l'exposition qui accueille 9 000 visiteurs.

3 mars : une garde d'honneur défile lorsque le ministre de la Défense nationale pour le Service naval, Angus L. Macdonald, visite et inspecte l'établissement.

8 mai : la Ligue navale ouvre une salle de lecture et d'écriture pour les officiers de la Marine et leurs épouses.

13 août : inspection annuelle par le vice-amiral P.W. Nelles, directeur du Service naval.

Août : la première Conférence de Québec, du nom de code Quadrant, est tenue. Le 18, l'unité fournit la garde d'honneur pour l'arrivée du président américain F.D. Roosevelt et de l'amiral King, USN. Roosevelt, accompagné du comte d'Athlone ainsi que des premiers ministres Winston Churchill et William Lyon Mackenzie King, inspecte la garde. Le 26, le premier lord de l'Amirauté et amiral de la flotte, sir Dudley Pound, inspecte lui aussi le *Montcalm*. Il est alors l'officier le plus haut gradé à voir passé en revue une division de la RCNVR.

11 décembre : la Ligue navale offre une ambulance à la division.

1944 28 juin : inspection annuelle par le contre-amiral L.W. Murray, MRC, commandant en chef du secteur canadien Nord-Ouest de l'Atlantique.

Septembre : la seconde Conférence de Québec entre Churchill, King et Roosevelt, nom de code Octogone, est tenue.

14 septembre : visite du gouverneur général du Canada Angus L. Macdonald et du contre-amiral Jones.

23 septembre : visite du commodore E.R. Brock.

1946 1ᵉʳ janvier : fusion de la RCNVR avec la Réserve de la Marine marchande en la Réserve de la Marine royale canadienne. Dorénavant, la Force régulière et celle de réserve auront le même uniforme.

18 juin : visite du contre-amiral E.W. Burrough, USN.

3 décembre : inspection annuelle du capitaine de vaisseau J.C. Hibbard, MRC.

1947 12 juin : la fanfare du *Montcalm*, après presque un an d'existence et de multiples difficultés pour obtenir des instruments, donne son premier récital.

19-22 juin : le *Montcalm* déménage au 39 avenue Laurier avec l'aide de douze hommes empruntés à l'armée.

23 juin : célébration du tricentenaire à Pointe-Lévis.

15 novembre : semaine portes ouvertes, accueillant 10 644 visiteurs, tenue à l'occasion de l'Exposition navale.

1948 23 février : inspection annuelle par le capitaine de vaisseau K.F. Adams, MRC, commandant de la Réserve navale.

13 mars : comme les autres divisions du pays, le *Montcalm* organise une journée porte ouverte à l'occasion de la Semaine de la MRC.

11 mai : l'ensemble de musique du *Montcalm* donne un concert devant une salle comble au Palais Montcalm.

9 juin : la division offre la cloche de la corvette *NCSM Rimouski* au maire de Rimouski.

11 novembre : participation au défilé du jour du Souvenir, qui devient une activité annuelle.

1949 Mars : l'équipe de hockey de la Marine est éliminée en demi-finale de la Ligue de la garnison. Ce fut un affreux présage car, le lendemain, le Colisée de Québec passa au feu.

1950 16 avril : inspection annuelle par le capitaine de vaisseau H.L. Quin, MRC, commandant de la Réserve navale.

18 juillet : visite du contre-amiral R.E. Blick, USN, commandant du US Task Force 81.

Septembre : une équipe de tir est formée dans la Ligue interarmées du Québec.

1er septembre : première publication du journal du *Montcalm*.

22 novembre : cérémonie de mise à flot du *NCSM Porte Saint-Jean*, le premier navire de classe *Porte* construit aux chantiers maritimes Davie, à Lauzon.

1951 20 mars : inspection annuelle par le capitaine de vaisseau A.G. Boulton, MRC, commandant de la Réserve navale.

Septembre: première participation à l'Annual Great Lakes Naval Regetta.

Automne: visite de la princesse Élisabeth II et du prince Philippe, duc d'Édimbourg. Ce dernier passe en revue l'équipage.

12 novembre: cérémonie de mise à flot des *NCSM Gaspé* et *Cowichan*.

1952 Février: assermentation des premières femmes WRENS depuis leur réintégration. Participation aux services commémoratifs de la mort du roi George VI.

28 mars: une partie du 871e escadron de l'Aéronavale, soit dix avions *Sea Furies*, deux *Avengers* et un *Expeditor*, arriva pour l'entraînement de navigation et de reconnaissance nommé Exercice Montcalm.

2 avril: participation à la garde d'honneur pour la visite à Québec du Gouverneur général du Canada Vincent Massey.

16 avril: visite informelle du ministre de la Défense Brooke Claxon.

Septembre: seconde et dernière participation du *Montcalm* à l'Annual Great Lakes Naval Regetta.

2 septembre: inspection annuelle par le vice-amiral E.R. Mainguy, MRC, directeur du Service naval, accompagné du contre-amiral J.C. Hibbard et du commodore Paul Earl.

23 septembre: inspection du Gouverneur général du Canada Massey.

1953 1er février: journée portes ouvertes accueillant 3 000 visiteurs.

28-30 mars: Exercice Plasma mené conjointement avec la Milice au camp Valcartier.

24 avril: Conférence des commandants de l'Est du Canada.

27 avril: inspection du capitaine de vaisseau T.A. Weight-Boycote, RN, officier supérieur de liaison navale du Royaume-Uni à Ottawa.

2 juin: défilé marquant le jour du couronnement de la reine Élisabeth II.

19 juin: visite du contre-amiral Milton E. Mills, USN, et du contre-amiral Wallage B. Creery.

27 septembre: dévoilement du Monument aux morts de Cap-de-la-Madeleine.

Novembre: des salles de classe sont prêtées par le Manège militaire de Québec.

24 novembre: inspection annuelle du contre-amiral R.E.S. Bidwell, MRC, commandant de la Force maritime de l'Atlantique.

26 novembre: cérémonie de la mise en service des *NCSM Gaspé* et *Toronto*.

1954 10 février: inspection annuelle par le commodore K.F. Adams, MRC, commandant de la Réserve navale.

19 mai : visite du capitaine de vaisseau Gifford Scull, USN, de l'ambassade des États-Unis à Ottawa.

17 juin : dîner organisé par l'Association des officiers de la Marine de Québec en l'honneur du contre-amiral à la retraite V.G. Brodeur.

19 juillet : inspection du colonel Mario Bercehi de l'Ambassade italienne à Ottawa.

26 juillet : plus de cinq mille officiers et membres d'équipage américains visitent Québec pendant la fin de semaine. Ils font partie du US Midshipmen Training Group dirigé par le contre-amiral B.L. Austin, USN.

6 août : visite du vice-amiral John F. Stevens, chef d'état-major de l'America and West Indies Station.

12 août : visite du contre-amiral Conolly Abel-Smith, RN, amiral des *Royal Yachts*.

14 août : seconde inspection royale du prince Philippe, duc d'Édimbourg. Une réception est organisée au Carré des officiers au cours de laquelle le prince a l'occasion de s'entretenir avec tous les officiers.

16 décembre : visite du brigadier-général Jean V. Allard, commandant de la 3e brigade d'infanterie canadienne.

1955 4 février : le commodore K.F. Adams, MRC, effectue une visite et est l'invité d'honneur au Bal annuel de la garnison.

14 février : visite et échange avec le commandant ainsi que les officiers du Royal Rifles of Canada.

22 février : participation au Carnaval d'hiver de Québec.

1er avril : visite de l'amiral Lamarnier de Supreme Headquarters Allied Powers Europe (S.H.A.P.E), Paris.

Avril : visite et échange avec le commandant ainsi que les officiers de l'Air Force Reserve Radar Squadron.

28 juillet : visite du capitaine de vaisseau Gilbert Roberts, RN.

11 août : visite et réception en l'honneur du ministre de la Défense, Ralph Campney.

9 octobre : inspection du commodore Paul Earl et du capitaine de frégate I.C. Pollack.

24 octobre : le capitaine de vaisseau (pilote) G.C. Edwards, MRC, présente leurs ailes aux quatre premiers pilotes du *VC 923*.

1956 16 janvier : le commodore Medland, MRC, le commodore R.A. Wright, les capitaines de vaisseau A.B.F. Fraser-Harris, MRC, et John G. Wills, RN, ainsi que le colonel J. Derbry assistent à la soirée d'entraînement.

16 avril : inspection annuelle par le contre-amiral K.F. Adams.

1957 12 mai : inspection annuelle du contre-amiral Bidwell.

19 juillet : visite du contre-amiral Darpit, USN, commandant de la Cruiser Division Six Midshipman Cruise « Charlie ».

1958 29 janvier : inspection annuelle du contre-amiral Adams, MRC.

14 mai : la conférence de la United Services Institute est tenue à l'unité.

12 juin : visite du contre-amiral H.F. Pullen, commandant de la Force maritime de l'Atlantique.

1959 Juillet : visite du contre-amiral Smith, USN, commandant du Task Group 83.3.

1960 1er juillet : Jubilé d'or de la Marine royale canadienne présidé par l'archevêque de Québec Maurice Roy, vicaire militaire.

1961 21 janvier : visite du commodore à la retraite Paul Earl.

23 janvier : visite du commodore P.D. Taylor, commandant de la Réserve navale.

10 mars : inspection annuelle par le capitaine de frégate Sieele, MRC.

8-14 juillet : visite du contre-amiral Puttle, USN, commandant du Task Group 83.4.

1962 12 février: visite du commodore Willon, officier supérieur du secteur maritime du fleuve Saint-Laurent et des Grands Lacs.

14 mars: inspection annuelle du chef d'état-major de la Marine royale canadienne.

1963 13 mai: inspection annuelle du commodore Taylor.

12-18 juillet: une réception est tenue avec le premier ministre du Québec Jean Lesage, le lieutenant-gouverneur du Québec et l'amiral Charles Madden, chef d'état-major de la Marine américaine, lors de l'escale de la deuxième flotte de la Marine américaine.

Septembre: visite du contre-amiral J.W. O'Grady, commandant du US Task Force 83.4.

1964 27 avril: inspection annuelle du commodore P.D. Taylor.

9 mai: visite du capitaine de vaisseau A. Postec, de la Marine française.

1er juillet: visite du contre-amiral Stuart, USN.

3 août: visite du contre-amiral José Costa, attaché naval de l'ambassade chilienne.

1965 3 mai: visite du commodore Taylor.

Octobre: conférence des commandants de la Réserve navale.

16 novembre : inspection annuelle du commodore G.C. Edwards, commandant de la Réserve navale.

1966 3 février : inspection annuelle du major-général W.A.B. Anderson, commandant de la Réserve des Forces armées canadiennes. C'est la première fois à Québec, depuis l'intégration des trois forces, qu'un officier supérieur passe en revue les miliciens et les marins en même temps.

18 février : visite du lieutenant-gouverneur du Québec, Paul Comtois.

18 avril : visite du contre-amiral Charles J. Willon.

28 octobre : conférence des commandants de la Réserve navale.

1967 4 février : visite du premier ministre du Québec, Daniel Johnson.

6 juillet au 26 août : une garde fait une tournée de la province de Québec à l'occasion des Fêtes du centenaire du Canada.

22 juillet : visite du gouverneur général du Canada, le major-général G.-P. Vanier.

23-24 juillet : visite du président de la France, le général Charles de Gaulle.

1968 16 février : le gouverneur général du Canada, R. Michener, est l'invité d'honneur au dîner du Carré des officiers tenu au Club de la garnison.

11 mars : inspection annuelle par le capitaine de vaisseau D.G. Pardmore, commandant de la Réserve navale.

1969 10 mars : inspection annuelle par le capitaine de vaisseau D.G. Pardmore.

18 mai : escale du *NCSM Restigouche* à l'occasion de la 15e réunion annuelle de l'Association navale du Canada dont le *Montcalm* est l'hôte.

13 juillet : le ministre de la Défense nationale, Léo Cadieux, présente au *Montcalm* l'Effiency Trophy, remis à la meilleure unité de la Réserve navale.

Septembre-octobre : exercice de contrôle naval de la navigation commerciale Silk Sail.

1970 2 mars : inspection annuelle par le capitaine de vaisseau J.L. Neveu, commandant de la BFC Moncton.

7 mai : l'Effiency Trophy est remis pour une deuxième année consécutive au *Montcalm*.

27 novembre : mise à flot du destroyer *NCSM Arthabaskan DDH* 228 aux chantiers maritimes Davie suivie d'une inspection du vice-amiral H.A. Porter, commandant de la Force maritime de l'Atlantique.

1971 8 mars : inspection annuelle du commodore D.L. Hannington, commandant de l'Établissement d'éducation de la Défense au Quartier général des Forces canadiennes.

9-14 août : entraînement sur le fleuve Saint-Laurent lors de l'escale du *NCSM Ottawa*.

Octobre : participation à l'exercice de contrôle naval de la navigation commerciale Lamlight.

15 novembre : visite du commodore D. Learoyd, commandant de la Réserve navale.

1972 1er mai : inspection du capitaine de vaisseau L.S. Allan.

8 mai : inspection annuelle du contre-amiral R.W. Timbrell, chef d'état-major de la Force maritime.

1973 13 avril : dîner marquant le 50e anniversaire du *Montcalm*.

30 avril : inspection annuelle du brigadier-général D.L. Hannington.

12-16 mai : escale de la Force navale permanente de l'Atlantique.

Automne : participation aux Régates annuelles.

1974 9-12 février : visite du commodore R.T. Bennet, officier supérieur de la Réserve navale.

22-24 mars : fin de semaine d'entraînement sur le *NCSM Saint-Laurent*.

29 avril : inspection annuelle par le vice-amiral Falls.

18-20 octobre : entraînement sur le *NCSM Porte Saint-Louis* lors de son escale.

18 novembre : visite du capitaine de vaisseau Pratt, commandant de la Réserve navale.

1975 18 avril : inspection annuelle du vice-amiral Boyle, chef d'état-major de la Force maritime.

9-11 mai : exercice à Gagetown avec le 3e bataillon du Royal 22e Régiment.

7 octobre : visite du commodore R.T. Bennett.

1er novembre : visite du capitaine de vaisseau Pratt.

1976 5 avril : inspection annuelle par le commodore D.N. Mainguy.

7 avril : livraison du navire d'entraînement *PBL 193 Captor.*

31 mai : visite du brigadier-général René Gutknecht.

7 novembre : entraînement à bord du *NCSM Porte Dauphine.*

6-7 décembre : visite du capitaine de vaisseau Pratt.

13-14 décembre : visite du commodore R.T. Bennett.

Au cours de l'année, l'équipe de plongée du *Montcalm* remporte le trophée de plongée sous-glace interunités de la Réserve navale pour l'Est du Canada. L'un de ces plongeurs participe à l'opération Cork 1976 en étant en charge d'une des deux équipes de plongée de la Réserve navale affectées aux compétitions de voile à l'occasion des Jeux olympiques de Montréal. Plus de trente membres vont prêter main-forte à la Force régulière à l'occasion des Jeux olympiques.

1977 19 mars : le *Montcalm* organise un championnat de plongée sous-glace et remporte la palme d'or.

18 avril : inspection annuelle du commodore T.W. Maxwell.

7-10 octobre : participation aux Régates de Vancouver.

1978 24 avril : inspection annuelle par le contre-amiral J.A. Fulton, chef des carrières du personnel supérieur à Ottawa.

8-31 juillet : le *Captor* va en entraînement dans le Bas-Saint-Laurent et dans la baie des Chaleurs.

Septembre et décembre : entraînement à bord du *NCSM Porte Saint-Jean* lors de ses escales.

Octobre : participation aux Régates annuelles à Ottawa.

1979 6-23 mars : participation à l'exercice d'organisation du contrôle naval de la navigation commerciale Wintex-Cimex.

9 avril : inspection annuelle du commodore J.P.P. Coté.

5-27 juillet : le *Captor* fait escale à Tadoussac, Matane, Sainte-Anne-des-Monts, Mont-Louis, Gaspé, Grande-Rivière et Paspébiac.

27 août au 4 septembre : visite du capitaine de vaisseau G.M. Carter, USN, commandant de l'escadre de la Force navale permanente de l'Atlantique.

8-12 novembre : entraînement sur le *NCSM Porte Saint-Louis* lors de son escale.

1980 21 avril : inspection annuelle par le vice-amiral J. Allan.

10-14 octobre : participation aux régates de Victoria.

1981 13 avril : inspection annuelle par le commodore J.C. Wood.

23 septembre au 5 octobre : entraînement sur le *NCSM Porte Saint-Louis* lors de son escale.

2-3 octobre : entraînement nommé « exercice Mine de rien » impliquant tous les membres du *Montcalm* ainsi que le *NCSM Porte Saint-Louis*, le *Captor*, le *PBL Acadian*, le *PBL Detector* et le *PBL Nicholson*.

9-15 novembre : visite du Groupe-école d'application des officiers de marine de la France.

1982 5 avril : inspection annuelle par le vice-amiral J.A. Fulton, chef d'état-major de la Force maritime.

29 septembre au 4 octobre et 27 octobre au 1er novembre : entraînement sur le *NCSM Porte Saint-Jean* lors de ses escales.

13 décembre : inspection du capitaine de vaisseau David Pollard, directeur de la Présence navale au Québec.

Durant l'année, le *Captor* fait escale à Halifax, Rimouski, Chicoutimi, Saint-Jean-sur-Richelieu et en Gaspésie pour un parcours total de 3 819 milles marins. De plus, l'équipe de plongeurs s'entraîne aux Escoumins.

1983 14 février : visite du commodore W. Fox Decent, officier supérieur de la Réserve navale.

20 février au 5 mars : participation à l'exercice Wintex-Cimex.

16 avril : dîner du Carré des officiers célébrant le 60e anniversaire de la Réserve navale.

18 avril : inspection annuelle par le vice-amiral D.N. Mainguy.

28-29 mai : lors de la Semaine du port de Québec, tenue à l'occasion de la Semaine nationale des transports, le kiosque du *Montcalm* est visité par 40 000 personnes.

18 août : visite du sénateur Léopold Langlois.

12-13 septembre et 18-23 novembre : entraînement sur le *NCSM Porte Saint-Jean* lors de ses escales.

31 octobre : le vice-amiral D.N. Mainguy remet le trophée Mainguy, décerné à l'unité qui a obtenu la meilleure performance durant l'année d'entraînement.

Durant la saison navigable, le *Captor* a cumulé 4 243 milles marins.

1984 25 janvier, 14 et 28 mars : conférences tenues par l'Institut canadien des ingénieurs maritimes et architectes navals.

2-14 avril : participation à l'exercice Sea Supply Expanded.

30 avril : inspection annuelle du commodore H.M.D. MacNeil.

4 mai : Bal naval au Château Frontenac sous la présidence du vice-amiral J.C. Wood, chef d'état-major de la Force maritime.

24-30 juin : participation aux Grands Voiliers 1984.

24 septembre: participation à la 73ᵉ Convention annuelle de l'Association américaine des autorités portuaires à Québec.

27-29 septembre: entraînement sur le *NCSM Porte Sain-Jean* lors de son escale.

4-8 octobre: entraînement sur le *NCSM Porte Saint-Louis* lors de son escale.

15 octobre: visite des aumôniers de la Force maritime, les capitaines de frégate Jankowski (catholique romain) et Ives (protestant).

10 décembre: inspection du commodore W. Fox Decent.

1985 11 février: conférence nationale pour l'exercice de contrôle naval de la navigation commerciale Safe Arrival présidé par le capitaine de frégate Brooks.

17 février: participation à la course de canots sur glace sur le fleuve Saint-Laurent.

21 et 23 février: réunion annuelle du conseil national de la Réserve et de la Force maritime.

25 février au 13 mars: participation à l'exercice Wintex-Cimex.

13 mars au 27 septembre: activités entourant les fêtes du 75ᵉ anniversaire du Service naval au Canada.

1ᵉʳ avril: inspection annuelle par le contre-amiral F.W. Crickard accompagné par le capitaine de vaisseau David Pollard.

20 avril: dîner du Carré des officiers au Château Frontenac, sous la présidence d'honneur du vice-amiral D.N. Mainguy, chef d'état-major adjoint de la Défense nationale.

4 mai: bal naval au Hilton sous la présidence d'honneur du lieutenant-gouverneur du Québec, Gilles Lamontagne.

5 mai: commémoration de la bataille de l'Atlantique. La messe fut célébrée à la basilique Notre-Dame-de-Québec et une cérémonie commémorative eut lieu à bord du *NM Louis-Jolliet*.

11 mai: course D'un océan à l'autre.

12-15 juillet: entraînement sur les *NCSM Porte Saint-Jean* et *Porte Saint-Louis* lors de leur escale.

5-11 octobre: entraînement sur le *NCSM Porte Saint-Jean* lors de son escale.

1986 3-13 mars: participation à l'exercice Wintex-Cimex.

7 avril: inspection annuelle par le commodore Fox Decent et le capitaine de vaisseau Steele.

19-22 septembre: entraînement sur le *NCSM Porte Saint-Jean* lors de son escale.

2-8 et 14-16 octobre: entraînement sur le *NCSM Porte Saint-Louis* lors de ses escales.

Pendant toute l'année, la division de contrôle naval de la navigation commerciale participa à l'exercice de l'OTAN Safe Arrival.

1987 13 avril: inspection annuelle du commodore R. George.

14 septembre: visite du vice-amiral C.M. Thomas, chef d'état-major de la Force maritime.

1988 11 avril: inspection annuelle par le contre-amiral R.E. George, commandant de la Force maritime du Pacifique.

17-19 septembre: entraînement sur le *NCSM Porte Saint-Jean* lors de son escale.

11-13 et 27-31 octobre: entraînement sur le *NCSM Porte Saint-Louis* lors de ses escales.

1989 24 février au 9 mars: participation à l'exercice Wintex-Cimex.

12 avril: inspection annuelle par le contre-amiral J. Slade, chef de la Doctrine et des opérations maritimes.

1er-3 juin: participation à la Semaine de la sécurité nautique au Vieux-Port de Québec.

1990 18 avril: inspection annuelle du commodore Murray.

27 juin: le ministre de la Défense nationale Marcel Masse annonce la construction du complexe naval de la pointe à Carcy dont le coût s'élèvera à 36 millions de dollars.

9 août : visite du major-général F.A. Marriage, commandant des Réserves des Forces canadiennes.

7 novembre : visite du commodore L.S. Orthlieb, conseiller supérieur de la Réserve navale.

21 novembre : visite du capitaine de vaisseau Pierre Yans, commandant de la Réserve navale.

1991 10 avril : inspection annuelle par le commodore J.E.D. Bell, chef du Service de l'instruction des Forces canadiennes.

24 mai : visite de Craig Eaton et du major-général F.A. Marriage.

24 octobre : réunion du Conseil naval sous la présidence du vice-amiral John Clerson, chef d'état-major de la Force maritime.

8 novembre : 50e anniversaire de la mise en service du *Montcalm*.

4 décembre : visite du capitaine de vaisseau Pierre Yans.

1992 11 avril : mise sur pied de la Compagnie franche de la Marine.

15 avril : commémoration du 40e anniversaire de l'admission des femmes dans la Réserve navale.

28-31 août: escale du *NCSM Halifax*. Remise du drapeau de la Compagnie franche de la Marine par le ministre de la Défense nationale.

1er septembre: informatisation de l'inventaire du *Montcalm*.

1993 24 février: visite du vice-amiral P.W. Cairns, chef d'état-major de la Force maritime.

7 avril: inspection annuelle par le commodore J.C. Michaud, commandant de la Réserve navale.

6 juillet: 3000 personnes assistent à la prestation de la Compagnie franche de la Marine à l'occasion du Concert sous les étoiles donné par le Royal 22e Régiment à la Citadelle de Québec.

26 juillet au 6 août: participation à l'exercice Gipsy Sentinel.

25 septembre: célébration du 70e anniversaire du *Montcalm*.

Durant l'année, le *Captor* est mis au rancart.

1995 27-30 mars: visite d'une délégation belge.

5 avril: inspection annuelle par le commodore J.C. Michaud, commandant de la Réserve navale.

1er-12 mai: entraînement sur le *NCSM Porte Saint-Louis* lors de son escale.

6 mai : la Ville de Québec confère au *Montcalm* le droit de cité et une visite portes ouvertes est organisée.

7 mai : commémoration de la bataille de l'Atlantique et du 50e anniversaire de jour de la Victoire européenne.

20 mai : le complexe naval de la pointe à Carcy est officiellement inauguré sous la présidence du premier ministre du Canada Jean Chrétien, du ministre de la Défense nationale David Collenette et du vice-amiral J.C. Murray, chef d'état-major de la Force maritime.

8-26 juin : exercice de défense portuaire.

17-20 août : le *Montcalm* est l'hôte de la Conférence des commandants de la Réserve navale.

11-16 octobre : entraînement sur le *NCSM Moresby* lors de son escale.

1996 8-11 février : dernier exercice sur le *NCSM Porte Saint-Louis* avant qu'il soit retiré du service.

1997 14 février : visite du ministre de la Défense nationale Douglas Young.

21-23 février : exercice de contrôle naval de la navigation commerciale Bridge the Gap.

22 mars : visite du commodore Robert D. Baugniet, commandant de la Réserve navale.

17-19 octobre: premier entraînement de l'équipage sur les navires de défense côtière de classe *Kingston* lors de l'escale du *NCSM Shawinigan*.

16 novembre: cérémonie de départ de l'aumônier catholique de la Réserve navale, le capitaine de frégate Pierre Beaudet.

1998 4 avril: visite du capitaine de vaisseau Roger Girouard, commandant adjoint de la Réserve navale. Des cours sont donnés par trois membres de la Gendarmerie royale du Canada en préparation à un exercice de défense portuaire.

24-26 avril: l'équipe de défense portuaire du *Montcalm* organise un exercice au port de Québec.

3 mai: le lieutenant-gouverneur du Québec Lise Thibault est l'invitée d'honneur pour la commémoration de la bataille de l'Atlantique.

15-18 mai: escale de la Force navale permanente de l'Atlantique.

30 septembre: visite du vice-amiral G. Madisson, chef d'état-major de la Force maritime.

1999 10 mars: visite du capitaine de vaisseau P.A. Guindon, commandant adjoint de la Réserve navale.

26 août: visite du ministre de la Défense nationale Art Eggleton.

Septembre-décembre: l'Opération Abacus. Cet exercice a pour but de fournir une aide aux autorités civiles dans le Québec afin de restaurer l'infrastructure et les services affectés par le changement de millénaire.

15-17 octobre: entraînement à bord du *NCSM Kingston*.

11 décembre: inspection annuelle par le commodore R.A. Zuliani, commandant de la Réserve navale, accompagné du capitaine de vaisseau P.A. Guindon.

2000 Été: participation à l'exercice Pegasus Bleu, avec le 2e bataillon du Royal 22e Régiment, ainsi qu'au Salon nautique et au Salon emplois-jeunesse.

22 septembre: fondation de l'Association des anciens du *Montcalm*.

4-5 novembre: coordination de l'Exercice régional de défense portuaire et embarcations à Québec.

2001 3 février: visite du commodore W.F. O'Connell, commandant de la Réserve navale, de son adjoint le capitaine de vaisseau J.G.V. Tremblay et du premier maître de 1re classe J. Summers, chef de la Formation de la Réserve navale.

22-25 février : conférence des commandants de la Réserve navale.

24 juin : la Compagnie franche de la Marine est intégrée au *Montcalm*.

5-13 juin : entraînement sur le NCSM *Shawinigan* lors de son escale.

27 octobre : inspection annuelle par le capitaine de vaisseau Réal Thibault, coordonnateur de la région laurentienne pour le Quartier général de la Réserve navale.

17 novembre : déploiement des vedettes du *Montcalm*.

2002 Septembre à novembre : déploiement sur les NDC (Halifax).

2003 26-28 septembre : exercice de plongée régionale Perth.

2004 7-8 février : exercices Naval Co-Operation and Guidance for Shipping (NCAGS).

21-27 mai : escale de la frégate de surveillance française *Germinal*.

22-26 octobre : visite de la flotte permanente de l'OTAN.

Automne : premier entraînement en simulateur de navigation et de passerelle à Québec impliquant l'utilisation du Naval Part Task Trainer.

2005 11-20 mars : exercice de plongée nationale à Winnipeg.

8-10 avril: exercice Communication navale.

17 avril: visite du major-général Petras, chef de la Réserve, accompagné des officiers généraux de la Réserve.

2006 7-9 avril: opération Crépuscule.

Automne: opération de sécurité portuaire et entraînement de survie en mer et de récupération.

Année: représentations offertes par la musique du *NCSM Montcalm* et prestation de la Compagnie franche de la Marine.

Bibliographie

I. Ouvrages généraux

CASGRAIN, H.-R. *Journal du marquis de Montcalm durant ses campagnes en Canada de 1756 à 1759*. Québec, Imprimerie de L.-J. Demers, 1895, 626 p.

---- *Guerre du Canada, 1756-1760 Montcalm et Lévis*. Tome I. Québec, Imprimerie de L.-J. Demers, 1891, 572 p.

CHAMBERS, Ernest J., dir. *The Canadian Parliamentary Guide*. Ottawa, Mortimer, 1923, 667 p.

HALPENNY, Francess G., dir. *Dictionnaire biographique du Canada*, tome XII: *1891 à 1900*. Québec, Presses de l'Université Laval, 1990, 1403 p.

MCMURTRIE, Francis E., dir. *Jane's Fighting Ship 1943-1944*. New York, Macmillan Company, 1945, 582 p.

SHARPE, Richard. *Jane's Fighting Ship 1992-1993*. Londres, Jane's information Group Limited, 1992, 848 p.

---- *Jane's Fighting Ship 2000-2001*. Londres, Jane's information Group Limited, 2000, 907 p.

II. Études

DARLINGTON, Robert A., et Fraser MCKEE. *The Canadian Naval Chronicle 1939-1945 : The Successes and Losses of the Canadian Navy in World War II*. St. Catharines (ON), Vanwell Publishing, 1996, 272 p.

FRYER, Mary Beacock. *More Battlefields of Canada*. Toronto, Dundurn Press, 1993, 184 p.

GRAVEL, Jean-Yves, dir. *Le Québec et la guerre*. Montréal, Boréal Express, 1974, 173 p., coll. «Études d'histoire du Québec», 7.

KEALY, J.D.F., et E.C. RUSSEL. *Histoire de l'Aéronavale canadienne, 1918-1962*. Ottawa, ministère de la Défense nationale, Section historique de la Marine, 1965, 185 p.

LECLERC, Claude R., dir. *Journal commémoratif du soixante-dixième anniversaire du NCSM Montcalm : 1923-1993*. Québec, 1993, 40 p.

LEWIS, Michael. *The Navy of Britain, a Historical Portrait*. Londres, George Allen and Unwin Ltd., 1949, 560 p.

MILNER, Marc. *Canada's Navy : The First Century*. Toronto, University of Toronto Press, 1999, 356 p.

PARISEAU, Jean, et Serge BERNIER. *Les Canadiens français et le bilinguisme dans les Forces armées canadiennes*. 2 tomes. Ottawa, Approvisionnement et Services Canada, 1987.

SARTY, Roger. *Le Canada et la bataille de l'Atlantique*. Montréal, Art global, 1998, 167 p.

SCHULL, Joseph. *Lointains navires : compte rendu officiel des opérations de la Marine canadienne au cours de la seconde Grande Guerre*. Ottawa, Imprimeur de la Reine, 1953, 605 p.

The HMCS Montcalm Story. Ottawa, Division historique des Forces armées, 1955, 43 p.

TUCKER, Gilbert Norman. *The Naval Service of Canada : Its Official History*. 2 tomes. Ottawa, King's Printer, 1952.

Table des matières

Préface	7
Avant-propos	9
Une unité implantée à Québec	17
Le mythe de la fondation	17
Le périple du *Montcalm*	28
La vocation francophone de l'unité	41
La Marine et les francophones	42
Les universitaires	46
Le choc des cultures	48
Une unité multifonctionnelle	55
L'apogée de la guerre	55
L'Aéronavale	60
Le journal de bord d'un long voyage	63
Annexes	67
A. Liste des commandants du *Montcalm*	69
B. Comment le Service naval canadien traite les Canadiens français	101
C. Liste des anciens membres du *Montcalm* morts au cours de la Deuxième Guerre mondiale	103
D. Navires ayant porté le nom de *Montcalm*	107
E. Insigne du navire et couleurs	113
F. Les insignes de grade de la Marine canadienne	115
Chronologie	119
Bibliographie	152

CET OUVRAGE EST COMPOSÉ EN PLANTIN CORPS 12
SELON UNE MAQUETTE RÉALISÉE PAR PIERRE-LOUIS CAUCHON
ET ACHEVÉ D'IMPRIMER EN AVRIL 2008
SUR LES PRESSES DE L'IMPRIMERIE MARQUIS
À CAP-SAINT-IGNACE
POUR LE COMPTE DE GILLES HERMAN
ÉDITEUR À L'ENSEIGNE DU SEPTENTRION